JN096976

# こんな子どもに出会ったら

## 保育所・幼稚園・学校・家庭での支援の実際

関戸英紀　著

川島書店

# ま　え　が　き

　今年の3月末まで横浜国立大学教育学部に26年間勤務してきました（附属養護学校時代を含めると31年になります）。その間に，担当した授業やゼミでの指導において，障害の有無にかかわらず特別な教育的ニーズのある子どもに対するさまざまな支援方法について学生に紹介してきました。また，教育委員会や園・学校主催の研修会においても，保育所，幼稚園，小学校，中学校，および特別支援学校の先生方に同様の情報を提供してきました。研修会に参加された先生方からは，「新たな支援方法について学ぶことができた，是非実践してみたい」「前任者から受け継いだ支援方法を漫然と行ってきたが，その理論的な背景が分かった」という感想をいただきました。一方で，特に小学校の先生方から教育相談を受ける中で，特別な教育的ニーズのある子どもの支援が喫緊の課題であることを日増しに痛感しています。

　そんな中，横浜国立大学に勤務していたときに学生や先生方に紹介してきた支援方法を，退職を機に整理してみたい，また現在勤務する東海大学児童教育学部の学生向けにテキストをつくってみたい，という思いに駆られました。

　その際に，次の2つのことに留意したいと考えました。1つめは，ベテランの先生方は言うに及ばず，初任の先生方や保護者の方も活用できる支援方法を紹介する。2つめは，理論に裏打ちされた支援方法，あるいは単なる私の経験ではなく，エビデンスに基づいた（有効性が確認された）支援方法を紹介する。

　実際には，応用行動分析に基づいた支援方法がメインになりましたが，行動論的なアプローチばかりでなく，認知論的なアプローチも取りあげました。専門書としてみれば，節操がないというお叱りを受けるかもしれません。しかし，学校教育現場・保育現場等で日々子どもの支援にあたっていらっしゃる先生方にとっては，多様な引き出しがあったほうが子どもが示すさまざまな課題に対応できるであろうと考えました。したがって，特別な教育的ニーズのある子どもを支援するための入門書として本書をご活用いただきたいと思っています。

　しかしながら，意気込んでパソコンの前に座ってみたものの，実際に書き始めると，なかなか骨が折れる作業でした。果たして書き終えることができるのか，という思いに何度もとらわれました。それでも1項目ずつ書き進めていくうちに，何とか40課題に対する支援方法を紹介することができました。また，私自身にとっても，貴重な学びなおしの機

会となりました。

　応用行動分析は，用いられる用語が難しいとよく言われます。一つ一つの用語をできるだけ詳しく解説するように心がけ，また具体例も紹介するようにしたつもりです。用語にはあまりこだわらずに，その理論や考え方を是非とも理解して，実践していただけますと幸甚です。

　なお，「Ⅰ基礎・理論編」は是非読んでいただきたいのですが，「Ⅱ実践編」についてはすべての項目を読む必要はありません。必要に応じて，直面している子どもの課題に関連する項目を読んでいただければ十分です。本書を手元においていただき，先生方や保護者の方が課題解決に迷われたときに役立てていただければ，望外の喜びです。

　最後になりましたが，本書の刊行に際しては，川島書店の杉秀明氏に一方ならぬご尽力をいただきました。ここに記して感謝いたします。

　　2022 年 11 月 22 日

　　　　　　　冠雪した丹沢，富士山を見やりながら

　　　　　　　　　　　　　　　　　　関戸　英紀

# 目　　次

# I

---

基礎・理論編

## 行動のとらえ方

## 1. オペラント行動

　太郎さんの家の最寄り駅の周辺には宝くじ売り場が A・B・C と 3 か所あります。ある時，太郎さんは B 売り場の近くを通りかかったので，初めて宝くじを買ってみようと思い立ち，3 枚購入したところ，3,000 円の当せん金を手に入れることができました。3 か月後，ふと，宝くじで当せんしたことを思い出したので，今回も B 売り場で購入したところ，そのときも 3,000 円の当せん金を手に入れることができました。年末が近づいてきました。テレビでは年末恒例の高額当せん金の宝くじの宣伝が毎日のように報じられています。太郎さんも，今年は年末に宝くじを買ってみようと思っています。

　さて，あなたは，太郎さんは，A・B・C の宝くじ売り場のどこで宝くじを買うと思いますか。次回もやはり B 売り場でしょうか。

　この例は，ある行動（B 売り場で宝くじを買う）の直後に生じた結果（3,000 円の当せん金を手に入れることができた）によって，以後同じ事態でその行動が生起する確率が増大する（B 売り場で宝くじを買う確率が高まる）という事実を示しています。なお，本書では，行動を「個体と環境との相互作用」の観点から捉えます。この現象が「オペラント条件づけ」といわれるものであり，図 1 に示したように，"弁別刺激（後述します）－オペラント行動－結果（強化子。後述します）"というオペラント条件づけの枠組みで説明することができます。

　宝くじを購入する行動のように，オペラント条件づけによって説明される行動や反応のことを「オペラント行動」といいます。日常生活でみられる人間や動物のほとんどの行動は，このオペラント行動と考えられます。その特徴は「自発する」反応であり，それに後続する強化子によってその出現傾向が高まるような反応であるということです。ここでいう自発するとは，反応や行動に先立つ何らかの刺激（弁別刺激）によって必ず「誘発される」ことはないという意味です。たとえば，先立つ刺激（誘発刺激）によって自動的に必ず誘発されるような反応には，光に対する瞳孔反射などがあり，他にもいわゆる"パブロフの条件づけ（「古典的条件づけ」・「レスポンデント条件づけ」ともいいます）"で説明されるさまざまな条件反射があります。スキナーは，これを先行する環境事象に応答する行動という意味で，「レスポンデント行動」といって区別しています。

B 売り場　　　　→　　　　宝くじを買う　　　　→　　　　3,000 円の当せん金
〈弁別刺激〉　　　　　　　〈オペラント行動〉　　　　　　　〈結果（強化子）〉

図1　宝くじ購入の例

## 2．三項随伴性

　保育所・幼稚園や学校，そして家庭において子どもたちはさまざまな行動を示します。その中には，適切な行動もあれば，不適切な行動もあります。不適切な行動の中には，気に入らないことがあるとすぐに手が出てしまったり，授業中，教師や友達に注目をしてもらいたいがために離席をしたりするなど誤学習した行動や，ルールや約束を守れなかったり，友達の失敗を批判したりするなど未学習の行動もあります。

　不適切な行動を改善したいと考えたときに，行動にだけ着目していてはそれがかないません。行動だけに着目していると，その行動の原因を子どもに求めてしまい，できるのにやらない，やる気がないからできない，といった子どもを叱責するような対応になることもあります。

　このような行動の問題の改善に，応用行動分析に基づく有効な支援方法があります。応用行動分析では，前述したように行動を「個体と環境との相互作用」として捉えます。この応用行動分析の枠組みである「三項随伴性」の考え方が役に立ちます。

　《先行条件（弁別刺激ともいいます。平易にいうと「きっかけ」です）》（Antecedent；どういった状況で）─《行動》（Behavior；どのような行動が起こり）─《結果》（Consequence；どのような結果が伴ったか。どのように環境が変化したか）という 3 つの枠組みで行動をとらえることを三項随伴性（それぞれの頭文字を取って「ABC 分析」ということもあります）といいます。図 2 を参照してください。例えば，算数の授業中に，教師が算数のテスト問題を配ったところ，算数の苦手な A さんが教室から出ていった場面を，三項随伴性の枠組みで考えてみましょう。この場合，先行条件は，〈算数のテストが配付される〉になります。行動は，〈教室から出ていく〉になります。結果は，〈（苦手な）算数のテストを受けなくてすむ〉になります。

　行動を三項随伴性の枠組みでとらえ，行動の原因を子どもを取り巻く環境（先行条件や結果）に求めることの大きなメリットは，環境は観察可能で，操作可能であるということです。このことによって，適切な行動が起こりやすいように環境を調整したり，周囲の人たちの対応を変えたりといった具体的な対応につなげることができます。先ほどの例でいうと，A さんの行動〈教室から出ていく〉を改善するためには，行動そのものに直接的に

**図 2　三項随伴性の枠組み**

働きかけるのではなく，Aさんを取り巻く環境である先行条件〈算数のテストが配付される〉や結果〈(苦手な)算数のテストを受けなくてすむ〉を調整したり，対応を変更したりすることになります。

## 3. 強化

行動の生起に後続する結果によって，ある行動の生起率が増大するプロセスを「強化」といいます。この強化には，「正の強化」と「負の強化」があります。

正の強化とは，行動が生起した直後に，ある(快)刺激を提示することによってその行動の生起率が増大することをいいます。この場合，行動の生起率を増大させたり，維持したりする結果刺激のことを「強化子」といいます。子どもが宿題をやってきたときに教師が褒めると，子どもは次回も宿題をやってくるでしょう。この場合，褒め言葉が強化子となります。また，デパートのおもちゃ売り場で，おもちゃを買ってほしいと泣き叫ぶ子どもに親がおもちゃを買い与えると，その子どもはおもちゃを買ってほしいときには泣き叫ぶようになるでしょう。この場合は，おもちゃが強化子となります。

一方，負の強化とは，行動が生起した直後に，「嫌悪刺激」を除去することによってその行動の生起率を増大させることをいいます。嫌悪刺激とは，行為者にとって不快な刺激，望ましくない刺激のことをいいます。算数のテストで，クラス全員が80点以上取ったときにその日の宿題をなしにすると，子どもは次の算数のテストも頑張るでしょう。この場合の宿題は嫌悪刺激になります。頭が痛かったので薬を飲んだところ頭痛が和らいだ経験をすると，頭痛がするときには薬を飲むようになるでしょう。この場合，頭痛が嫌悪刺激になります。以下の表1を参照してください。

### 表1 強化と罰

| | | 行動の生起率 | |
|---|---|---|---|
| | | 増大 | 減少 |
| 強化子<br>(or 嫌悪刺激) | 提示 | 正の強化 | 正の罰 |
| | 除去 | 負の強化 | 負の罰 |

## 4. 罰

　行動の生起に後続する結果によって，ある行動の生起率が減少するプロセスを「罰」といいます。罰にも，「正の罰」と「負の罰」があります。

　正の罰とは，行動が生起した直後に，嫌悪刺激を提示することによってその行動の生起率が減少することをいいます。子どもがいたずらをしたので教師が叱責したところ，いたずらがみられなくなった場合，叱責が嫌悪刺激になります。大量の飲酒をしたところ，翌朝頭痛と吐き気に見舞われたのでそれ以降大量の飲酒をしなくなった場合は，頭痛と吐き気が嫌悪刺激になります。

　一方，負の罰とは，行動が生起した直後に，強化子を除去することによってその行動の生起率を減少させることをいいます。掃除をだらだらとやっていたところ，その後の休み時間が短くなってしまったため，次回から掃除をてきぱきと行うようになった場合は，休み時間が強化子となります。Ｂさんに欠勤が多かったために給料を下げたところ，Ｂさんの欠勤が減った場合は，給料が強化子となります。

　ここで，表 1 を用いて強化と罰の関連性を整理しましょう。表 1 では，行の違いが正か負かを，列の違いが強化か罰かを表しています。まず，正と負は何を基準に分けられているのでしょうか。すなわち，強化子（あるいは嫌悪刺激）が提示されることによって行動の生起率が増大したり，減少したりする場合が正となります。逆に，強化子（あるいは嫌悪刺激）が除去されることによって行動の生起率が増大したり，減少したりする場合が負となります。次に，強化と罰の違いはどこにあるのでしょうか。その違いは，行動の生起率が増大する場合が強化となり，逆に行動の生起率が減少する場合が罰となります。

## 5. 指導（支援）目標

　指導（支援）の意図を子どもとかかわる保育者や教師（以下，「教師等」とします），保護者に伝えて共通理解を図るために，また評価の基準とするために，指導目標を設定する際に，①目標とする行動（標的行動）を正確に記述すること，②指導目標の達成基準を明らかにすることが求められます。

　まず，標的行動を正確に記述することには，次の 3 つの目的があります。

1.　標的行動を正確に記述することで，教師等は同じ行動を一貫して観察できるようになる。

2.　指導目標が正確に記述されていれば，教師等が観察した標的行動の変容を，第三者

であっても事実であったと確認できる。

3. 指導目標が正確に記述されていれば，他の教師等が途中から指導に携わったとしても，指導を継続できる。

　これらの目的を達成するために，標的行動が生じたならば，すぐにそれであるとわかるように記述されていなければなりません。すなわち，指導目標を客観的で，明確なものにするためには，標的行動を記述する用語は，観察可能で，測定可能で，しかも再現可能なものでなければなりません。例えば，「周りにいる人を攻撃する」というような曖昧な語句で記された場合，その目標が達成されたとある教師等が判断したとしても，実はその教師等が単にそう思っているだけなのかもしれません。「教師や級友に対してたたく・蹴る・かみつく」のように具体的な行動で記述すると，観察者間で異なる解釈をされる可能性が少なくなります。

　次に，指導目標を設定するときには，達成基準を明確にする必要があります。この基準は，指導の結果として子どもが達成するであろう遂行レベルを示します。指導目標を達成するうえで現在行われている指導が有効であるかどうかを判断するときに，この基準が指導の全過程を通して用いられます。

　達成基準を記す際には，標的行動の「正確さ」，あるいは「出現頻度」が求められます。例えば，「10回中9回の正答数が得られる（90％の正答率で答える）」，「5回連続で標的行動がみられる」などのように記します。行動の時間次元を目標とするときには，2種類の測度が用いられます。1つは子どもが行う行動の長さ，すなわち「持続時間」です。例えば，「5分以内にやり終える」，「30分以上着席する」のように記します。もう1つは，行動を開始するまでの時間，すなわち「潜時」です。例えば，「絵カードを提示後5秒以内に」，「言葉で指示を出してから1分以内に」のように記します。さらに，その標的行動を十分に習得したことを示す基準も決めておく必要があります。例えば，繰り上がりのある1桁＋1桁の足し算の正答率が90％に一度達しただけで，繰り上がりのある1桁の足し算を習得できたと考えることは早計です。ひょっとしたら，その時にたまたま90％の正答率を得られただけかもしれません。そこで，終結や最終確認の時点を達成基準に記しておく必要があります。先ほどの例でいいますと，3回連続で90％以上の正答率で答えるなどとなります。一般的には，3回連続で80％以上の正答率がみられた場合，あるいは3回連続で自発的に標的行動がみられた場合に，その標的行動を習得できたとみなされます。

　達成基準を設定するときに，子どもの実態からみて十分に達成可能であろうと考えられる高めの基準を設定すると子どもの動機づけが高まりますが，逆に子どもの実態からかけ離れた達成困難な基準を設けると子どもはフラストレーションを感じる場合があるために留意する必要があります。

## 6. ベースライン

　指導目標を設定したら，指導を開始する前に「ベースライン」データの収集と記録を行う必要があります。ベースラインデータとは，指導開始前の自然な状態（指導や強化を一切行わないで，教示だけが与えられます）で生起する標的行動のレベルを測定したものです。ベースラインデータを収集することには2つの機能があるといわれています。1つめは「記述機能」です。つまり，現在の子どもの標的行動の遂行レベルを記述します。データをグラフに表してみると子どもの標的行動の実態が明らかになります。2つめは「予測機能」です。指導が導入されなかった場合，行動のレベルが近い将来どのようになっていくかをベースラインデータを基に予測することが可能です。したがって，行われている指導に効果があるかどうかは，ベースラインデータと指導後のデータとのずれ（差）の程度によって判断されます。つまり，両者間のずれが大きければ大きいほど指導は効果的であるといえます。

　ベースラインデータは，偶然性を排除するために5回程度収集されることが望ましいと考えられていますが，ベースライン期間の長さは収集されたデータの特徴によって変わってきます。そのために，ベースラインは安定していて，普段の状態で生起する行動を忠実に表していることが重要です。ベースラインの安定性は，次の2つの特徴によって判断されます。それは，「データの変動性」と「データの傾向」です。

　データの変動性とは，子どもの標的行動の生起回数等の幅を指します（図3を参照してください）。ベースラインが安定していない場合には，標的行動の記述があいまいでその行動を正確に一貫して記録できていなかったり，観察におけるデータ収集手続きが一貫していなかったりする場合が考えられます。

　データの傾向とは，標的行動の生起が独特の方向性をもつことを指します。傾向は，3つの連続するデータポイントが同一の方向性をもっていることと定義されています。ベースラインでは，傾向なし，増加傾向，減少傾向の3種類の傾向が考えられます。

　上昇ベースラインとは，ベースライン期間での行動の増加傾向を意味します（図4を参照してください）。指導の目的が標的行動の減少でなければ，指導を開始しないでください。なぜならば，標的行動を増加させることを目的とする指導の効果は，その傾向ゆえに曖昧になってしまうからです。

　下降ベースラインとは，明確な減少傾向を示すデータポイントが少なくとも3つ含まれている場合をいいます（図4を参照してください）。支援の目的が標的行動を増加させる場合にだけ下降ベースラインで指導を開始します。

*8*

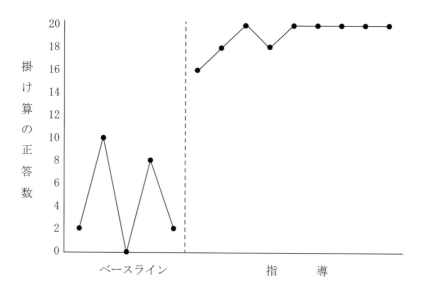

**図3　指導結果のグラフ**

・ベースライン期間と指導期間は点線で区切ります。
・ベースラインデータが0〜10の範囲にあるため変動性が大きいといえます。
・ベースラインデータと指導後のデータとのずれが大きいため、指導は効果
　的であったと考えられます。

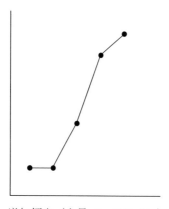

増加傾向（上昇ベースライン）

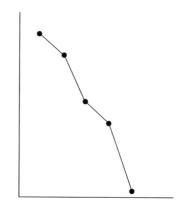

減少傾向（下降ベースライン）

**図4　データの傾向**

# II

---

## 実　践　編

## 子どもの行動に変容をもたらす理論と技法

　II「実践編」では，日常よくみられる子どもの行動から，〈幼児向け〉，〈対人関係〉，〈問題行動〉，〈学習〉，〈家庭生活〉の順に，支援の実際の紹介をとおして，子どもの行動に変容をもたらす理論と技法を学びます。

　(ASD 児) と記された項目は，自閉症スペクトラム障害 (ASD) 児によくみられる行動です。

　各項目タイトルの下に，支援を必要とする実際に問題となる行動の例文を囲みで入れました。

　支援にあたってのキーワード（用語）を，🔆 **支援Point**　として表示しました。

## 1 靴下を1人ではけない

> 靴下や衣服などを1人で身に着けたり，脱いだりすることが難しい子どもがいます。

### ⇥ 支援Point ① 課題分析 → 連鎖化

　日常生活に関するさまざまな行動はすべて複雑な行動であり，より小さな行動に分解，配列することができます。したがって，子どもにある行動を教える際には，まずは「課題分析」を行う必要があります。課題分析とは，標的行動をより小さなステップ（単位）に分け，それを継続的な順序に並べることをいいます。

　例として，Cさんに靴下を脱ぐことを指導する場面を取りあげます。

　まず，靴下を脱ぐことを課題分析すると以下のようになります。

（「体育座り」の状態から）

①靴下のうわべり（ゴムの部分）に両手の親指を入れる。

②靴下をくるぶしまで脱ぐ。

③靴下をかかとまで脱ぐ。

④靴下を甲まで脱ぐ。

⑤靴下を爪先まで脱ぐ。

⑥靴下を最後まで脱ぐ。

　次に，7ページで説明した「ベースライン」をとってください。

　続いて指導プログラムを作ります。その際に，課題分析の結果に基づいて「連鎖化」を行います。連鎖化とは，それぞれのステップを一連の順序で生起させ，それを強化することによって，複雑な行動を形成していく手続きをいいます。この連鎖化には，二通りの方法があります。1つは，「順行性連鎖化」です。もう1つは「逆行性連鎖化」です。順行性連鎖化とは，課題分析をしたステップの順序どおりにプログラムを作り，指導していく方法をいいます。一方，逆行性連鎖化とは，課題分析をした最終のステップから最初のステップに向けて順次プログラムを作り，指導していく方法をいいます。

　上記の課題分析の結果に基づいて，順行性連鎖化で指導プログラムを作ると次のようになります。

①「Cさん，靴下脱いで」と言い，Cさんが両手の親指を靴下のうわべりに入れるところまで指導する。後の部分は手伝いながら（手を添えながら）靴下を脱がせる。靴

下が脱げたら強化する。

② 「Ｃさん，靴下脱いで」と言い，Ｃさんが両手の親指を靴下のうわべりに入れ，くるぶしまで脱ぐところまで指導する。後の部分は手伝いながら靴下を脱がせる。靴下が脱げたら強化する。

③ 「Ｃさん，靴下脱いで」と言い，Ｃさんが両手の親指を靴下のうわべりに入れ，かかとまで脱ぐところまで指導する。後の部分は手伝いながら靴下を脱がせる。靴下が脱げたら強化する。

④ 「Ｃさん，靴下脱いで」と言い，Ｃさんが両手の親指を靴下のうわべりに入れ，甲まで脱ぐところまで指導する。後の部分は手伝いながら靴下を脱がせる。靴下が脱げたら強化する。

⑤ 「Ｃさん，靴下脱いで」と言い，Ｃさんが両手の親指を靴下のうわべりに入れ，爪先まで脱ぐところまで指導する。後の部分は手伝いながら靴下を脱がせる。靴下が脱げたら強化する。

⑥ 「Ｃさん，靴下脱いで」と言い，Ｃさんに１人で靴下を脱がせる。靴下が脱げたら強化する。

一方，逆行性連鎖化で指導プログラムを作ると次のようになります。

① 「Ｃさん，靴下脱いで」と言い，Ｃさんが両手の親指を靴下のうわべりに入れ，爪先まで脱ぐところまで手伝う（手を添える）。後の部分は１人で脱げるように指導する。靴下が脱げたら強化する。

② 「Ｃさん，靴下脱いで」と言い，Ｃさんが両手の親指を靴下のうわべりに入れ，甲まで脱ぐところまで手伝う。後の部分は１人で脱げるように指導する。靴下が脱げたら強化する。

③ 「Ｃさん，靴下脱いで」と言い，Ｃさんが両手の親指を靴下のうわべりに入れ，かかとまで脱ぐところまで手伝う。後の部分は１人で脱げるように指導する。靴下が脱げたら強化する。

④ 「Ｃさん，靴下脱いで」と言い，Ｃさんが両手の親指を靴下のうわべりに入れ，くるぶしまで脱ぐところまで手伝う。後の部分は１人で脱げるように指導する。靴下が脱げたら強化する。

⑤ 「Ｃさん，靴下脱いで」と言い，Ｃさんが両手の親指を靴下のうわべりに入れるところまで手伝う。後の部分は１人で脱げるように指導する。靴下が脱げたら強化する。

⑥ 「Ｃさん，靴下脱いで」と言い，Ｃさんに１人で靴下を脱がせる。靴下が脱げたら強化する。

　ある行動を形成するための指導プログラムは，基本的には，順行性連鎖化と逆行性連鎖化の両方で作ることが可能です。どちらを用いるかは，ベースラインの結果に基づいて判断します。もし，課題分析のステップ①を未習得の場合は，逆行性連鎖化で指導プログラムを作るとよいでしょう。なぜならば，逆行性連鎖化では，行動が完結する部分を常に子ども自身が行うため，達成感をよりもちやすいと考えられるからです。

　実際に指導をする際には，以下のことに留意してください。

(1) 指示を与える前に，必ず子どもの名前を呼んで，子どもの注意を指導者に向けさせます。

(2) 指示は簡潔に与え，しかも必要最少限にします。

(3) 指示を与えても行動が生起しない場合は，必要に応じて「プロンプト」（行動の生起確率を高めるために付加的に用いる刺激。つまり，ヒント・手助け）を与えます。

(4) プロンプトは徐々に増やしていきます。すなわち，段階的支援（最小プロンプトから最大プロンプトへ）を行います。例えば，行動が自発的に生起しない場合は，
①言語指示（「靴下脱いで」）→ ②掛け声・擬態語（「靴下よいしょ，よいしょして」）→ ③指差し（靴下を指さす）→ ④ジェスチャー（靴下を脱ぐまねをする）→ ⑤モデリング（見本となるモデルを示す。靴下を脱いで見せる）→ ⑥身体的誘導（子どもの手を取って靴下を脱がせる）の順にプロンプトを与えます。指導開始時は最大プロンプト（⑥のプロンプト）が必要とされるかもしれませんが，指導の経過に伴いより少ないプロンプトで行動が生起するようになっていきます。

(5) 他の指導者や保護者の理解と協力を得，同一の方法で指導をしていきます。

## ✄ 対応例

　まずは，靴下を履くことを課題分析します。
（「体育座り」の状態から）
①靴下を両手で持つ。
②靴下を爪先まで履く。
③靴下を甲まで履く。
④靴下をかかとまで履く。
⑤靴下をくるぶしまで履く。
⑥靴下を最後まで履く。
　上記の課題分析の結果に基づいて，逆行性連鎖化で指導プログラムを作ると次のようになります。対象児をD さんとします。

①「Dさん，靴下履いて」と言い，Dさんが靴下を両手で持ち，くるぶしまで履くところまで手伝う（手を添える）。後の部分は1人で履けるように指導する。靴下が履けたら強化する。

②「Dさん，靴下履いて」と言い，Dさんが靴下を両手で持ち，かかとまで履くところまで手伝う。後の部分は1人で履けるように指導する。靴下が履けたら強化する。

③「Dさん，靴下履いて」と言い，Dさんが靴下を両手で持ち，甲まで履くところまで手伝う。後の部分は1人で履けるように指導する。靴下が履けたら強化する。

④「Dさん，靴下履いて」と言い，Dさんが靴下を両手で持ち，爪先まで履くところまで手伝う。後の部分は1人で履けるように指導する。靴下が履けたら強化する。

⑤「Dさん，靴下履いて」と言い，Dさんが靴下を両手で持つところまで手伝う。後の部分は1人で履けるように指導する。靴下が履けたら強化する。

⑥「Dさん，靴下履いて」と言い，Dさんに1人で靴下を履かせる。靴下が履けたら強化する。

指示を与えても行動が生起しない場合は，必要に応じてプロンプトを与え，段階的支援を行います。

## 2 │ 教室で着席して，話を聞いたり，活動したりすることができない

> 教室で，一定の時間，着席して話を聞いたり，活動したりすることができない子どもがいます。

### ╬ 支援Point▶ ② シェイピング

新しい行動を形成する際には，「スモールステップ」と「シェイピング」の考え方を用いることができます。

スモールステップとは，目標を細分化し，小さな目標の達成を積み重ねながら最終目標の達成に近づけていくことをいいます。スモールステップを用いるときには，①（ベースラインをとり），子どものできる（できそうな）ところから始める，②子どもの達成状況に基づいて徐々に最終目標に近づけていくことが重要です。

シェイピングとは，標的行動の獲得に至るまでの行動をスモールステップで設定し，順次これを遂行させて，最終的に標的行動を獲得させることをいいます。

例えば，プールに入れない子どもがいたとします。その場合，次のような手順で指導を行っていくことが考えられます。

①水着に着替えさえ，プールサイドで他の子どもがプールに入っている様子を見学させる。

②プールサイドにビニールプールを用意し，指導者と一緒に水鉄砲やじょうろで水遊びをする。

③プールサイドで，指導者と一緒に（プールの水を使って）水鉄砲やじょうろで水遊びをする。

④プールサイドに腰かけ，指導者と一緒に足や手の一部を水の中に入れて水遊びをする。

⑤指導者に抱かれた状態で，水の中に入る。

⑥指導者と手をつないで，腰のあたりまで水の中に入る。

⑦指導者と手をつないで，胸のあたりまで水の中に入る。

⑧短時間，1人で水の中に入っている。

⑨1人で水の中に入っている時間を徐々に延ばしていく。

もし，次のステップに移行した際に，子どもが嫌がったり，怖がったりした場合は，前のステップに戻したり，ステップをより細分化したりして，子どものペースで指導を進め

ていくようにします。

## ✂ 対応例

　前ページのスモールステップとシェイピングの手続きを用いて，着席行動から形成します。なぜならば，着席行動と課題従事行動を同時に形成しようとすると，子どもに負荷がかかったり，目標の達成が困難になったりすることがあります。そこで，まずは着席行動を形成し，その後に課題従事行動を形成するようにします。したがって，着席行動の形成においては，子どもは着席さえしていれば，絵本等を見ていても構わないことにします。

　着席行動の形成においては，最初に，その子どもの着席が可能な時間のベースラインを取ります。ここでは，平均4分だったとします。そこで，標的行動を教室で20分間着席しているに設定します。次に，子どもが離席したくなったら行ってもよいスペース（部屋）を決め，そのスペースに行きたいときには，「○○に行きたい」と伝えることを子どもと約束をします。

①子どもから「○○に行きたい」と要求があった場合，指導者は（要求できたことを）強化し，そのスペースで過ごすことを許可する。

②着席している時間を3分間と決めてタイマーを設定し，3分経過後，子どもから「○○に行きたい」と要求があった場合，指導者は強化し，そのスペースで過ごすことを許可する。

③着席している時間を5分間と決めてタイマーを設定し，5分経過後，子どもから「○○に行きたい」と要求があった場合，指導者は強化し，そのスペースで過ごすことを許可する。

④着席している時間を8分間と決めてタイマーを設定し，8分経過後，子どもから「○○に行きたい」と要求があった場合，指導者は強化し，そのスペースで過ごすことを許可する。

⑤着席している時間を10分間と決めてタイマーを設定し，10分経過後，子どもから「○○に行きたい」と要求があった場合，指導者は強化し，そのスペースで過ごすことを許可する。

⑥着席している時間を12分間と決めてタイマーを設定し，12分経過後，子どもから「○○に行きたい」と要求があった場合，指導者は強化し，そのスペースで過ごすことを許可する。

⑦着席している時間を15分間と決めてタイマーを設定し，15分経過後，子どもから「○○に行きたい」と要求があった場合，指導者は強化し，そのスペースで過ごすことを

　　許可する。

⑧着席している時間を 18 分間と決めてタイマーを設定し，18 分経過後，子どもから「○○に行きたい」と要求があった場合，指導者は強化し，そのスペースで過ごすことを許可する。

⑨着席している時間を 20 分間と決めてタイマーを設定し，20 分経過後，子どもから「○○に行きたい」と要求があった場合，指導者は強化し，そのスペースで過ごすことを許可する。

　着席行動を形成できたら，次は課題従事行動の形成に移ります。その際には，子どもの理解度や興味・関心に十分に留意して，話をしたり，教材を準備したりすることが求められます。

```
┌─ 用 語 解 説 ─────────────────────────────────┐
```

**自閉症スペクトラム障害（Autism Spectrum Disorder；ASD）**

　自閉症スペクトラム障害は，これまで「自閉症」，「アスペルガー症候群」，およびこれらの上位概念として「広汎性発達障害」などいろいろな名称で呼ばれていました。しかし，2013年のアメリカ精神医学会の診断基準 DSM-5 の発表以降，「自閉症スペクトラム障害」あるいは「自閉スペクトラム症」として総称されるようになりました。

　ASD の診断基準については，DSM-5 に次のように記述されており，条件が満たされたときに ASD と診断されます。

　①複数の状況で社会的コミュニケーションおよび対人的相互反応における持続的な障害：言葉の遅れ，反響言語（オウム返し），会話のやり取りの困難さ，格式張った字義どおりの言語，情動または感情を共有することの少なさ，視線を合わせることの困難さ，身振りの理解やその使用の困難さ，想像上の遊びを他者と一緒にしたり友人をつくったりすることの困難さなど。

　②行動，興味，または活動の限定された反復的な様式が 2 つ以上あること：情動的または反復的な身体の運動や会話，固執やこだわり，極めて限定され執着する興味，感覚刺激に対する過敏さまたは鈍感さなど。

　③発達早期（3 歳以前）から①，②の症状が存在していること。

　ASD の原因はまだ特定されていませんが，遺伝要因と環境要因が複雑に絡み合って発症する生まれつきの脳の機能障害であると考えられています。少なくとも親の育て方や本人の性格などに起因する障害ではないことは分かっています。近年，ASD の人は約 100 人に 1 人いると報告されています。性別では男性に多く，女性の約 4 倍の出現頻度です。

## 3　箸を正しく持てない

箸を用いて食事ができるにもかかわらず，伝統型の箸の持ち方をできない子どもがいます。

### ✚ 支援Point▸▸▸　③　プロンプトフェイディング

　新たな行動を形成する際には，「プロンプトフェイディング」を用います。

　「プロンプト」とは，弁別刺激（3ページを参照してください）が期待される行動を生じさせる可能性を高めるように付加される刺激のことです。つまり，プロンプトは弁別刺激が提示されているにもかかわらず，うまく行動が生じない場合に付加されます。例えば，母親が子どもの手を振りながら「パパにバイバイしましょう」と言う場合，身体的プロンプトを与えていることになります。「ありがとう」を子どもに言ってもらいたいときに，「ありが・・」まで言うことは言語的プロンプトになります。また，日常生活で目にする道路標識や絵文字などは視覚的プロンプトになります。

　プロンプトされた行動は，まだ弁別刺激に制御されているわけではありません。したがって，弁別刺激だけで行動が出現するようにプロンプトを取り除いていかなければなりません。しかしながら，急にプロンプトを取り除くと，期待された行動が出現しなくなるといった結果を招くかもしれません。そこで，プロンプトを徐々に（段階的に）取り除いていくことが求められます。これをプロンプトフェイディングといいます。

　前述した子どもが「ありがとう」を表出することを標的行動とした場合，次のようなプロンプトフェイディングが考えられます。

　(1)　モデル全提示：「ありがとう」とモデルを示す。

　(2)　モデル部分提示：「あ・・・・」と語頭音だけ示す。

　(3)　マンドモデル：「何て言うの？」と声かけをする。

　(4)　時間遅延：子どもの目を数秒間注視する。

　指導開始時は(1)のプロンプトが必要であろうと思われます。しかし，指導を重ねるごとに(2)，(3)，(4)とより弱いプロンプトで行動が生起するようになり，最終的には「ありがとう」が自発されるようになっていきます。

　なお，実際に指導を行う際には，プロンプトは(4)，(3)，(2)，(1)の順に付加していくことになります。

## ✎ 対応例

### (1) 対象児

ASD の診断のある小学校 5 年生の女児（以下，E さんとします）で，特別支援学級に在籍していました。指導開始時の生活年齢は 10 歳 3 か月で，10 歳 6 か月時におけるヴァインランド・ツー（Vineland-Ⅱ：適応行動を評価する検査）の結果は，コミュニケーションが 56，日常生活スキルが 63，社会性が 65 でした。

E さんはこれまでにも家庭において箸を使う練習をしており，箸を用いて食事をすることはできましたが，望ましいとされる「伝統型の持ち方」には至っていませんでした。なお，伝統型の箸の持ち方を，①下の箸は薬指の爪の横と親指の付け根で持つ，②上の箸は人差し指と中指と親指で持つ，と定義します。

### (2) 教材・教具

れんしゅうはし（16.5 ㎝。株式会社ナカノ），輪ゴム，マスキングテープ，ポイントシール（直径 8 ㎜），1.5 ㎝角のスポンジ 10 個，1.0 ㎝角の消しゴム 10 個，直径 1.0 ㎝のビーズ 10 個，直径 17 ㎝の皿 2 枚，紙粘土を使用しました。れんしゅうはしには，人差し指と薬指を正しい位置に固定するためのシリコン製リングが 2 個取り付けられていました。リングは取り外しができたため，プロンプトフェイディングが可能でした。なお，リングを取り外したれんしゅうはしを「子ども箸」とします。また，箸の長さは，E さんの手のサイズにもっとも合う長さのものを使用しました。

### (3) 手続き

指導内容として，1) 箸の持ち方確認，2) 箸を動かす練習，3) 箸でつまむ練習を行いました。

1) 箸の持ち方確認において，確認の手順は，①薬指の爪の横と親指の付け根で下の箸を持つ，②人差し指と中指を立てる，③人差し指と中指と親指で上の箸を持つとしました。指導期Ⅰ・Ⅱでは，指導者が E さんの横について口頭で説明しながら箸を持たせるようにしました。指導期Ⅱ－②以降は，指導者が実際に箸を持つ様子を撮影した動画を用いて E さん自身が確認を行いました。2) 箸を動かす練習では，何もつまんでいない状態で箸を 30 回開閉する指導を行いました。3) 箸でつまむ練習では，2 枚の皿が 15cm 離れた状態で横に並べられており，スポンジ，消しゴム，ビーズを各 10 個，計 30 個を皿から皿へ移動させる指導を行いました。この時に，伝統型の持ち方をしていた場合は言語称賛を行い，それ以外の持ち方をしていた場合は「確認して」と教示を行いました。

なお，E さんのモチベーションを維持するために，毎回強化子として E さんの好むシールを 1 枚与え，シールが一定枚数たまるとバックアップ強化子（72 ページを参照してくださ

い）としてキラキラシールをもらえるようにしました。

　指導方法として身体的プロンプトフェイディングと視覚的プロンプトを用いました。プロンプトフェイディングは，Eさんの実態に合わせて4段階に分けました（表2を参照してください）。また，実際に各段階で使用された箸の形態を図5に示します。

　指導期I：人差し指と中指を輪ゴムでくくり，薬指にリングを付けました。

　指導期II：人差し指と薬指にリング，親指と中指の押さえる位置にポイントシールを付けました。また，中指の動きが形成されることを目的として，中指の爪にマスキングテープを貼りました。

**表2　身体的プロンプトフェイディングの段階**

| | 指　導　期 | | | | |
| --- | --- | --- | --- | --- | --- |
| | I | II | II-② | III | IV |
| 親指 | × | ● | ● | ● | ● |
| 人差し指 | ○ | ○ | ○ | ● | ● |
| 中指 | ○ | ● | ● | ● | ● |
| 中指の爪 | × | ● | ● | ● | ● |
| 薬指 | ○ | ○ | ○ | ○ | ● |
| 小指 | × | × | × | × | × |
| ミニレッスン | なし | なし | あり | あり | あり |
| （箸の形態） | | | （指導期I） | （指導期III） | （指導期IV） |

　　○は身体的プロンプトあり，●は視覚的プロンプトあり，×はプロンプトなしを示す。

指導期I

指導期II・指導期II②

指導期III

指導期IV

指導期V（子ども箸）

**図5　各指導期で使用した箸の形態**

　途中で指導期間が空き，指導機会が減少したため，中指が下箸に固定されるようになってしまい，箸の持ち方の正確性が下降しました。そこで，指導機会を確保することを目的として，短時間でできるミニレッスンを取り入れました（指導期Ⅱ－②とします）。ミニレッスンの内容は，上述した動画を見て 1) 箸の持ち方確認，3) 箸でつまむ練習でした。また，ミニレッスンでは，中指の動きを再形成するために指導期Ⅰで使用した箸を用いました。

　指導期Ⅲ：薬指にリング，親指と人差し指と中指の押さえる位置にポイントシール，中指の爪にマスキングテープを付けました。

　指導期Ⅳ：親指と人差し指と中指と薬指の押さえる位置にポイントシール，中指の爪にマスキングテープを付けました。

　指導期Ⅴ：指導期Ⅳまでに日常の食事場面で伝統型の箸の持ち方が形成されなかったため，3) 箸でつまむ練習において，実際の食品を模して造られたさまざまな形や大きさの紙粘土 6 種類を 5 個ずつ，計 30 個を移動させる対象物としました。なお，箸は子ども箸を用いました。

**(4) 家庭での食事場面における箸の持ち方の正確性**

　図 6 に，家庭での夕食場面における箸の持ち方の正確性を示しました。箸は，E さんが日常的に使用しているものを用いました。指導期Ⅰでは，最大評価点を獲得する日もありましたが，正しい位置にある指にばらつきがみられ，持ち方は安定しませんでした。指導期Ⅱでは，親指，人差し指，薬指が安定して正しい位置で持てるようになりました。指導期Ⅲ・Ⅳでは，再び親指，人差し指，薬指が正しい位置で持てるようになりましたが，いずれも中指の位置が△でした。指導期Ⅴでは，2 回目の指導日から中指の位置が正しくなりましたが，その一方で親指の位置が△を示すようになりました。

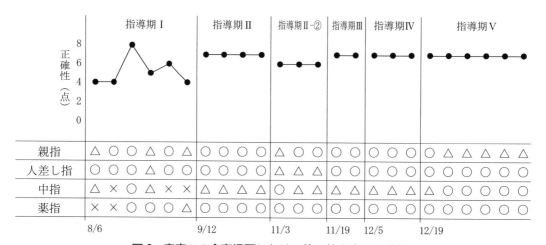

**図 6　家庭での食事場面における箸の持ち方の正確性**
　〇は正しい位置にある（2点），△はどちらでもない（1点），×は違う位置にある（0点）を示す。

# 4 　排尿が自立していない

---

3歳前後になると多くの子どもはトイレでの排尿が可能になりますが，障害のある子どもの中には自発排尿に向けて特別な指導を必要とする子どもがいます。

---

## ✚ 支援Point　④　修正フォックス‐アズリン法

　知的障害のある子どもは，排せつの面でも自立に時間を要します。健常児と比較して焦る必要はありませんが，そのうちにできるようになるであろうと楽観視して放置することも望ましい対応とはいえません。フォックスとアズリンによれば，いくつかの条件付きとはいえ，2歳6か月になれば知的障害の重い子どもであっても排せつの自立が可能です。そのために開発された指導方法が，「フォックス‐アズリン法」です。なお，大友（1997）は，これをわが国の実情に合わせて一部修正を加え，「修正フォックス‐アズリン法」として実践し，成果を積み重ねてきました。ここでは，修正フォックス‐アズリン法について紹介します。

### (1) 準備するもの

①おまる：パンツを膝下まで下げただけで排尿できるため，洋式おまるが望ましい。

②尿の量をはかるビーカー：瓶に5cc単位で線を引いた手製のものでかまいません。

③飲み物の量をはかるビーカー：料理用の計量カップでかまいません。

④おもらしの量をはかるはかり：パンツや雑巾の重さでおもらしの量を推定するために使用します。

⑤飲み物：子どもの好むものを数種類用意します。ただし，牛乳は，下痢を引き起こす怖れがあるため，1日に与える量を制限したほうがよいでしょう。

⑥コップ：飲み物を飲むときに使うため家庭で使い慣れたものが望ましい。

⑦菓子類：強化子として用います。のどが渇いて飲み物を飲むようにするために塩味のほうが望ましい。

⑧昼食：主食，副食共に一口で食べられるように一口大の大きさにします。

⑨パンツ数枚：おもらしの際のはき替え用です。子どもが1人で上げ下げができるように大きめのサイズのものが望ましい。

⑩バスタオル：指導中はパンツ1枚で過ごすため，寒いときに膝かけとして使います。

⑪いす：飲み物を飲んだり，後述する「パンツ調べ」をしたりするときに用います。

⑫タオルと雑巾：おもらしをしたときの後始末に使います。

⑬記録用紙：飲み物を飲んだ時刻とその量，排尿の有無とその量を記録します。

⑭時計：おまるに座ってから排尿までの時間をはかるため，秒針付きの時計が望ましい。

### (2) 指導時間と日数

指導時間は，フォックス－アズリン法では8時間としていますが，子どもの実態に応じて午前中または午後だけの指導であっても構いません。正午を挟んで指導を行う場合は，昼食時間も指導を継続します。正午少し前から菓子の代わりに昼食を強化子として用います。

指導日数は，子どもによって進歩の度合いが違うので一概にいえませんが，3日間が望ましいと考えられます。しかし，これも子どもの実態に応じて決めればよいでしょう。まずは，実践してみることが重要です。

### (3) 指導開始前

子どもの普段の生活における排尿状況を知ることは，指導に先立って大切なことです。3日間の排尿の様子を観察し，「排せつ記録表」（表3を参照してください）に記入しておきます。

指導当日，「膀胱訓練」（図7を参照してください）を始める1時間前に，子どもにできるだけ多くの飲み物を与えます。朝食の味噌汁，お茶，牛乳などの他に，この日は特別にジュースなども飲ませてください。ただし，指導が始まる前に排尿してしまうと，指導1

**表3　排せつ記録表**

| 時 | 6 ・ 7 ・ 8 ・ 9 ・ 10 ・ 11 ・ 12 ・ 1 ・ 2 ・ 3 ・ 4 ・ 5 ・ 6 ・ 7 ・ 8 ・ 9 ・ 10 ・ 11 |
|---|---|
| 月<br>日 | |
| 月<br>日 | |
| 月<br>日 | |
| 月<br>日 | |
| 月<br>日 | |
| 月<br>日 | |
| 月<br>日 | |

○：おまるで排尿　◎：自発的に排尿　×：おもらし　△：おまるへ連れて行ったが排尿なし　大：排便

回目のおまるでの排尿の確率はきわめて低くなります。事前の3日間の記録などを参考に，指導開始後に排尿がみられるように飲み物を与える時刻とその量に配慮する必要があります。

　子どもにとってパンツの上げ下げがしやすいように，下半身はパンツ1枚にします。上半身の衣服もパンツを下げやすいように配慮します。

　なお，指導する部屋には，おまるといすを用意します。

### (4) 飲み物

　飲み物は，おまるに2～3歩で到達できるところに置いたいすに座らせて，30分ごとに与えるようにします。なお，パンツ調べもこのいすに座って行います。着席が難しい子どもの場合，初めのうちはいす以外で飲ませてもかまいませんが，できるだけ早い時点でいすに座らせて飲ませるようにしてください。

　飲み物は子どもの好きなものを用意します。ジュース類は最初のうちは喜んで飲んでくれますが，次第に飽きてくる恐れがあり，お茶や水などに好みが変わることがあります。1回の飲み物の量は，個人差があるため一概にいえませんが，缶ジュース1本分を目安にすればよいでしょう。指導終了後，おもらしがあまり生じないようにするために，指導終了の2時間前からは，一口だけ飲めばよいことにします。

　飲み物を飲ませるのは排尿を促進するためですが，おまるに移動するきっかけでもあります。この指導の最終的な目標は，子どもが自発的にトイレに行くことですから，飲み物を飲ませる際にも，子どもが自力で飲むように配慮することが重要です。したがって，おまるに移動するきっかけとなるように，飲み終わったときにも，子どもが指導者にコップを自発的に返すように指導します。

### (5) おまるへの移動

　自発的に排尿するということは，おまるに自発的に移動するということです。そこで，第1回目の指導では，飲み物を飲んだ後，すぐにおまるを指さし（ジェスチャーによるプロンプト。プロンプトについては17ページを参照してください），「○○ちゃん，おまるに座って」と言葉で指示を与えながら（言語的プロンプト），子どもの体に手を添えておまるまで移動させます（身体的プロンプト）。

　ステップ1では，①いすから立たせる，②1歩めを踏み出す，③2歩めを踏み出す，④3歩目でおまるに到達する，というすべてのステップを身体的プロンプトをします。

　ステップ2では，④の身体的プロンプトをやめて2歩めの勢いのままでもかまわないので，子ども自身で3歩めを歩くように子どもの体から指導者の手を引きます。

　ステップ3では，③④の身体的プロンプトをやめます。子どもを立たせるところも，腰に触れるだけというようにプロンプトを減らすことが大切です。

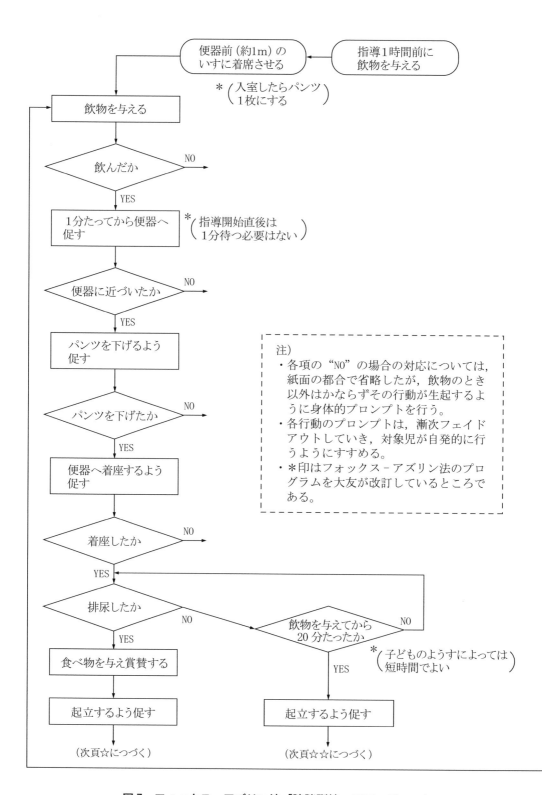

図7 フォックス‐アズリン法「膀胱訓練」フローチャート

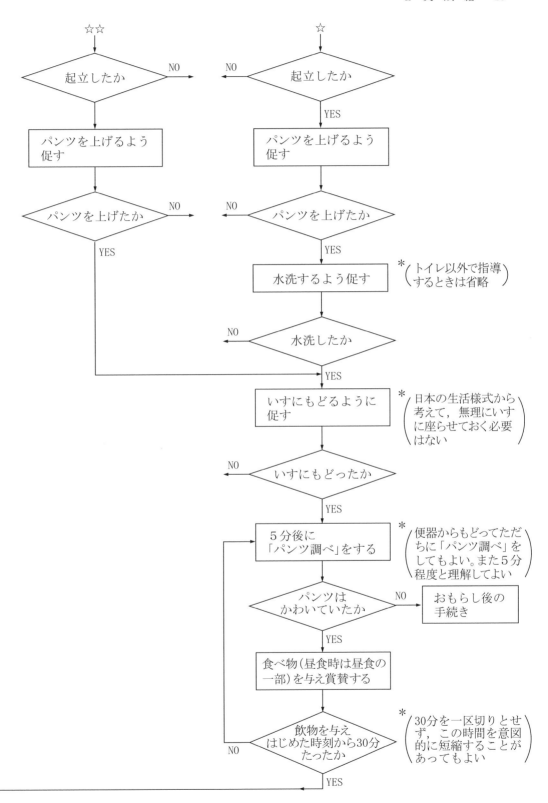

☆☆
起立したか —NO→

パンツを上げるよう
促す

パンツを上げたか —NO→

YES

☆
NO← 起立したか

YES

パンツを上げるよう
促す

NO← パンツを上げたか

YES

水洗するよう促す　*(トイレ以外で指導
するときは省略)

NO← 水洗したか

YES

いすにもどるように
促す　*(日本の生活様式から
考えて，無理にいす
に座らせておく必要
はない)

NO← いすにもどったか

YES

5分後に
「パンツ調べ」をする　*(便器からもどってただ
ちに「パンツ調べ」を
してもよい。また5分
程度と理解してよい)

パンツは
かわいていたか —NO→ おもらし後の
手続き

YES

食べ物(昼食時は昼食の
一部)を与え賞賛する

飲物を与え
はじめた時刻から30分
たったか　*(30分を一区切りとせ
ず，この時間を意図
的に短縮することが
あってもよい)

NO←

YES

　身体的プロンプトが必要なくなったら，言語的プロンプトもやめます。最終的にジェスチャーによるプロンプトもなくしますが，指導者が子どものそばで指示を出すと子どもは指導者に頼ってしまいます。そこで，飲み物を飲み終わった後のコップを受け取ったら，指導者はおまるに移動し，おまるを挟んで子どもと向かい合って，おまるをたたきます。次の指導場面ではおまるに移動し，便器を指さすだけにするというようにプロンプトを徐々に減らしていきます。指導者のこのような対応が子どもの自発的な行動を生起させることにつながります。

### (6) パンツ下げとおまる着座

　パンツを下げるのも，おまるに座るのも，おまるに移動するのと同じように，第1回めの指導では指導者が身体的プロンプト与えてもかまいませんが，回を重ねるごとに徐々にプロンプトを減らしていきます。子どもが指導者に依存するようになると，自発的なおまるへの接近もみられなくなる恐れがあるため，最少限のプロンプトだけにする必要があります。おもらしの心配があったとしても，自発的におまるに近づくようになれば，その可能性はきわめて小さくなります。洋式おまるの場合は，パンツを膝下まで下げるだけになります。そのため，おまるに向かってパンツを下げると，パンツが膝にかかった状態で体を回転させておまるに座らなければなりません。バランスが崩れやすい子どもにとってはかなり難しい動作になるので，指導者が補助をする必要が出てくるかもしれません。また，おまるに座るときもうまくバランスが取れず，しりもちをつくように座ることがありますが，回を重ねるごとに改善されていくでしょう。

### (7) 排尿

　着座後，子どもが排尿するまで待つことになります。最初のうちは，子どもはおまるに座る意味が分からないために立ち上がろうとします。指導者が強制的に座らせると，中にはパニックを起こす子どももいます。そこで，指導者が子どものシャツの背中の部分の裾を丸めてつかんでいるようにすると，子どもは何度か立ち上がろうとはしますが，そのうちに諦めてしまうでしょう。

　子どもが落ち着いておまるに座っているためには，歌を歌ったり，手遊びをしたりすることもやむを得ないでしょう。ただし，おもちゃを与えると，後ほど機嫌を損ねずにおもちゃを返してもらうことが難しくなるかもしれません。子どもが落ち着いて座っていられるようになったら，30秒ぐらい何も働きかけない状況をつくります。排尿するためには静かな時間が必要であるからです。

　子どもが排尿する瞬間に，下を向くことがよく観察されます。このような場面では，指導者は静かにしましょう。排尿が始まったら，小声で「おしっこ出たね。おりこうだね」と褒め，排尿が終わった頃を見計らって，拍手をし，大声で称賛します。途中で大声を出

すと，子どもが驚いて排尿をやめてしまう恐れがあるからです。

　自発的におまるに近づくようになる前兆として，着座から排尿までの時間が手がかりとなります。おまるに座って30〜40秒程度で排尿がみられるようになると，そのうち自発的におまるに移動するようになります。逆に，このような排尿がみられたら，飲み物を飲み終わった後，指導者は指示を出すことをやめる必要があります。

### (8) 立ち上がりとパンツ上げ

　排尿後には，指示を出さなくとも，立ち上がったり，パンツを上げようとしたりする場面が多くみられるでしょう。もし，指示が必要な場合であっても，プロンプトは最少限にとどめるようにしてください。排尿がみられないときには，20分近くおまるに座らせることになります。これは，おまるで排尿する機会をできるだけ多くもうけるためです。立ち上がった後，パンツ調べができるように次の飲み物の時間の10分前ごろには立たせるようにします。それゆえ，飲み物を飲むのに時間がかかったり，おまるへの移動やパンツ下げに時間をかけすぎたりすると，おまるに座っている時間が短くなってしまいます。指導の初期には座っている時間が短くなっても仕方がない場合もあります。極端な場合は，第1回めの指導では5秒程度にとどめ，回を重ねるごとに10秒，30秒，2分，5分と長くしていきます。ここで気をつけたいことは，無理におまるに座らせた結果，子どもがおまるに座ることを拒否するようになってしまうことを避けることです。

　しかしながら，子どもが立ち上がろうとしたときにすぐにそれを認めると，子どもは自分の主張が通ったと思い，自分の主張を再び通そうとする恐れがあります。その結果，おまるからの立ち上がりばかりでなく，指導のすべてを拒否するようになってしまうと，今後の指導にも悪影響を及ぼしかねません。そのためには，子どもが立ち上がろうとしたときにはそれを認めず，4〜5秒間でもよいので子どもが落ち着いて座っているときに立ち上がるように指示します。指導の主導権は，あくまでも指導者がとるようにします。

### (9) パンツ調べ

　おまるで排尿したときの拍手や称賛とパンツ調べのときの菓子は，子どもにどのような行動をとるべきかを教える重要な強化子となります。パンツ調べの基本は，子どもを褒める機会を数多くつくることにあります。おまるに座っていない時間帯に，5分おきにパンツ調べをしてパンツが濡れていなければ，褒めることになります。子どもはパンツだけを履いた状態で指導を受けますから，おもらしをした場合にはその時点で発見されます。しかし，パンツがわずかに湿っていた場合には指導者にとってはわかりにくく，パンツ調べの時点で発見されることがあるかもしれません。そこで，子どもをいすに座らせる直前に子どものパンツに触れてみて，もしおもらしをしていたらいすに座らせないでパンツをはき替えるように指示をします。

　パンツ調べは次の手順で行います。パンツ調べの時間になる 10 秒ほど前に，指導者は強化子である菓子を手に持って，いすのそばで子どもの名前を呼びます。子どもがいすに座ったら称賛し，子どもの両手を膝の上から外してだらりとさせます。指導者は子どものパンツを指さして，「パンツは？」と尋ねながら，子どもの利き手を子どものパンツに誘導して，軽く 3 回ほど叩かせます。その直後に，「濡れていない。偉いね」と言って，子どもの口の中に菓子を入れます。前述したように子どもの手を誘導するプロンプトは減らしていき，指導者が「パンツは？」と尋ねたときに，子どもが自発的にパンツを触って確認するように仕向けていきます。可能であれば，菓子を与えた直後に，マルのサインや拍手をさせて，濡れていないことを子ども自身で表現できるように指導していきます。正午を挟んで指導を行う場合は，パンツ調べのときの強化子として昼食を用います。もし，子どもが空腹のときには，5 分を待たずにパンツ調べの回数を増やせばよいでしょう。

　パンツ調べのときに自発的にパンツに触り，子ども自らが濡れていないというマルのサインや拍手をするようになれば，自発的におまるに行くことが近づいてきたと考えられます。さらに，おまるに座って 30 ～ 40 秒程度で排尿がみられ，パンツ調べでも濡れていないという自発的な反応があれば，程なく自発的におまるに行って排尿をし始めるでしょう。

### (10) 自発排尿がみられた後の指導

　自発排尿がみられた後は，2 ～ 3 回繰り返し自発排尿があるまで，定時の飲み物を与えてもよいでしょう。また，いすとおまるの距離を延ばしていくことも必要です。いすとおまるのどちらを移動することが適切であるかは，指導の状況を踏まえて判断します。

### (11) 定着指導

　これまで説明してきた指導を，家庭で保護者が週末等を利用して実践してきたとします。家庭で可能となった自発排尿を学校や保育所・幼稚園にも般化（122 ページを参照してください）させるためには，次のような手続きが考えられます。

　担任には，原則として，定時排せつ指導（指導者が，排尿・排便しそうな時刻に子どもをトイレに誘導する指導）を行ってもらいます。トイレのそばにいすを置いておき，あらかじめ決めておいた時刻になったら，そこに子どもを座らせてパンツ調べを行い，できるだけ少ないプロンプトでトイレに行くように指示をしてもらいます。次に，いすを少しずつトイレから離していき，最終的に教室や保育室でパンツ調べをしてもらいます。さらに，トイレに誘導する時刻のうち，最初は子どもが自発的にトイレに行きやすい時刻を決めて，そのときだけはパンツ調べをやめ，子どもが自発的にトイレに行く機会をつくります。パンツ調べがなくても 1 人でトイレに行く回数が増えてきたら，パンツ調べの回数をさらに減らします。すなわち，トイレに行くためのプロンプトを次第に少なくしていきます。この時の評価は，おもらしの出現回数ではなく，自発排尿の回数で行います。なお，子ども

がトイレに行くためのプロンプトを意図的になくするため，当初はおもらしがあって当然といえるでしょう。排せつ指導の目的は，トイレでの排せつ行動が自立することです。その結果としておもらしがなくなるのです。

## ✁ 対応例

　上述した排尿指導を学校や保育所・幼稚園で行うためには，人的，物理的にさまざまな制約が生じることが予想されます。まずは家庭で保護者が排尿指導を行い，家庭で自発排尿が可能になったらそれを学校や保育所・幼稚園に般化させるという方法が現実的であろうと考えられます。

## 5  家庭で保護者の目を盗んで水遊びをする

> 水遊びの好きな子どもの中には，保護者が目を離したすきに，洗面所や浴室で水遊び
> をする子どもがいます。

**中 支援Point** ⑤ 代替行動分化強化

　「分化強化」には，図8に示すように，①低頻度行動分化強化，②他行動分化強化，③
対立行動分化強化，④代替行動分化強化があります。ここでは，④代替行動分化強化を用
います。

　　　　　　┌ ①低頻度行動分化強化
　　　　　　├ ②他行動分化強化
分化強化 ─┤ ③対立行動分化強化
　　　　　　└ ④代替行動分化強化

**図8　分化強化**

　「代替行動分化強化」とは，減少させようとする不適切な行動に置き替わるような適切
な行動を強化します。すなわち，子どもは不適切な行動をしようとするたびに，適切な代
替行動をするように指示され，その代替行動が起こると強化されることになります。

　例えば，授業中に教師の注目を得ようとして，挙手をしないで大声で発言する子どもが
いたとします。この場合，子どもは挙手をしないで大声で発言するたびに挙手をするよう
に指示され，挙手をして発言することで教師からの注目が得られ，かつ褒められます。こ
こで大切なことは，不適切な行動が，子どもにとってどのような「機能（行動の結果。自
己刺激，物や活動の要求，注目要求，逃避）」をもっているかを分析することです（詳細は，
78ページの「機能的アセスメント」の項を参照してください）。不適切な行動と置き替える行動（代
替行動）は，不適切な行動と同じ機能をもつ，より社会的またはより適切な行動である必
要があり，しかも不適切な行動と同様に強化を得られるものでなければなりません。つま
り，代替行動によって適切な強化を安定して得られることが重要です。先ほどの例でいえ
ば，授業中に子どもは挙手をしないで大声で発言しても（結果的に，教師から注意を受け
ます），あるいは挙手をして発言しても（結果的に，教師から応答や称賛が得られます），

教師から注目を得られます。この場合，子どもがすでに獲得している行動（行動レパートリー）の中から代替行動を選択できると効率的な指導が可能です。もし，子どもに知的障害などがあり，その子どもの行動レパートリーの中から適切な行動を見つけることが困難な場合には，新たに適切な行動を形成する必要があります。

## ✄ 対応例

　子どもは水遊びをすることによってさまざまな感覚刺激を得られ，またそれを楽しんでいると考えられます。すなわち，水遊びは，その子どもにとって「自己刺激」の機能をもっていると推察されます。そこで，この場合，水遊びと同じ自己刺激の機能をもち，しかも保護者に受け入れられる適切な行動を代替行動として考えていけばよいことになります。具体的には，浴室の掃除や夕食後の食器洗いなどがあげられるでしょう。子どもは，浴室の掃除や食器洗いをすることによって，水や湯に触れることによるさまざまな感覚刺激を得られると同時に，家族から喜ばれ，また感謝されます。このように，子どもは，代替行動を行うことによって不適切な行動と同じ機能を得られ，しかもその行動が家族から強化されることになります。

## 6 「いってきます」「ただいま」「ありがとう」が自発されない

挨拶を励行するように言っているにもかかわらず，「いってきます」「ただいま」「ありがとう」などが自発されない子どもがいます。

### ✝ 支援Point▶ ⑥ 共同行為ルーティン

　どんな場面なのか，あるいは今，何が起こっているのかがわかることが言語の理解には不可欠であることから，言語の理解には文脈が大きな役割を果たしているといえます。ところで，この文脈の理解はどのようにして可能になっていくのでしょうか。長崎（1998）は，文脈処理の発達に関して次のような仮説を提案しています。

　(1) 短い文脈（フォーマット）の成立：0〜1歳

　フォーマットとは，主に養育者との間でなされる短い行為の系列をいいます。例えば，「いない，いない，バー」やボールのやりとりなどの遊びがあげられます。

　(2) 既有の文脈（スクリプト）の理解：2歳〜

　スクリプトとは，ストーリー化された行為の系列についての知識をいいます。「おふろ」というと，子どもが自分から浴室に行って服を脱ぐなどがその例です。

　(3) 文脈を作りあげる：3歳〜

　スクリプトがなくても2人（以上）が，調整をしながら文脈を選定したり，新たな文脈を作りあげたりして，会話をすることができるようになることをいいます。

　なお，ここでは，「文脈」と「スクリプト」をほぼ同義として使用しますが，スクリプトといった場合には既有の文脈を指します。

　次に，スクリプトの獲得と言語の習得との関連性についてみていきます。

　「おやつ」は，一般的には，①手を洗う，②テーブルに着く，③皿やコップを配る，④「いただきます」を言う，⑤食べ物（飲み物）を食べる（飲む），⑥「ごちそうさま」を言う，⑦後かたづけをする，といった行為の系列で構成されています。

　この子どもにとってのおやつのように，要素（手を洗う，テーブルに着くなど）が有機的に構成されている行為の系列を「ルーティン」といいます。そして，大人との相互交渉によるルーティンの成立過程を考慮したときに「共同行為ルーティン」と呼びます。一方，おやつと聞くと，私たちは上記のような行為の系列（ルーティン）を想起します。このように，ルーティンが内化した（知識となった）ものを「スクリプト」といいます。

　このスクリプトは，子どもが生まれながらにしてもっているわけではありません。最初は，おやつを母親に食べさせてもらっていた子どもが徐々に1人でも食べられるようになっていくことから，子どもの内部にスクリプトを形成させる過程が存在すると考えられます。つまり，子どもは離乳を始めるころから，1日何回かのおやつを食べ始めます。子どもにとっては，日常的で，また大好きな活動の1つです。こうしておやつというルーティンを繰り返し経験することによって，子どもはおやつのスクリプトを獲得していくといえるでしょう。

　さらに，子どもはスクリプトだけでなく，スクリプトの要素に対応した言語も習得していきます。すなわち，子どもは，さまざまな場面で限定されたスクリプトの要素（概念）を獲得しながら，それに対応した大人の言語からその意味や伝達意図を推察し，また母親が子どもの非言語的意味内容を代弁し，それを子どもが模倣するという大人からの働きかけによって言語を表出するようになっていくと考えられます。これらのことから，子どもの言語習得の背景として，①ルーティンを繰り返すことによるスクリプトの要素の獲得過程と，②スクリプトの要素に対応した言語の意味・伝達意図の理解と表出の過程という2つの過程が並行して存在していることが推察されます。そして，このような考え方を背景に，日常の生活日課や遊びのように子どもが喜んで参加し，自発的な伝達が頻繁に起きる活動を計画的に繰り返し設定する中で言語指導が行われます。


## ✎ 対応例

　良好な対人関係を築くうえで，「いってきます」「ただいま」「ありがとう」（以下，「いってきます」等とします）などの挨拶が，自発的に表出されることはきわめて重要です。しかしながら，ASD のある子どもは，相手の視点に立って物事を捉えることに困難を示すことから，「いってきます」－「いってらっしゃい」，「ただいま」－「おかえり」，「ありがとう」－「どういたしまして」などの使用に混乱を示すことがあります。そこで，上述した共同行為ルーティンを用いて指導を行いました。

　対象は，中学校特別支援学級に在籍する知的障害を伴う ASD のある F さんです。日常場面において，「いってらっしゃい」「おかえり」「どうぞ」（以下，「いってらっしゃい」等とします）に対して，それぞれ「いってきます」等と応じられることもありましたが，「いってきます」等が自発的に表出されないことが観察されていました。

　そこで，表4にある「買い物」のルーティンを作成しました。隣り合った2室を指導場所とし，1室を家，もう1室を店とみなしました。各室に指導者①と指導者②（店員）が配置されました。店では，店員の前の机上にFさんの好物である菓子や飲み物が1つずつ

**表4 「買い物」のルーティン**

---

役　割：対象児（買い物をする人），指導者①，指導者②（店員）

道　具：菓子・飲み物（4），菓子・飲み物の写真（4），ポケットアルバム，鉛筆，メモ用紙，財布，100円玉，ポシェット，エプロン，ビニール袋，お金を入れる皿

---

場面1：買う物を決める

　　1)「これから買い物に行く」の問いに答える

　　2) 写真を見ながら，店で売られている品物の確認をする

　　3)「何を買いに行く」の問いに答える

　　4) 自分の買いたい物をメモ用紙に記入する

　　5)（100円玉の入った）財布をポシェットに入れる

● 6)「いってきます」と言って，部屋を出る

　　7)「いってらっしゃい」

場面2：店で買い物をする

　　1)「いらっしゃい」

　　2) 店に入って行く

　　3)「何がほしいの」の問いに答える

　　4)「100円です」

　　5) お金を払う

● 6)「ありがとう」と言って，品物を受け取る

　　7) 店を出る

　　8)「どういたしまして」

場面3：買ってきた物を食べる（飲む）

● 1)「ただいま」と言って，部屋に入って行く

　　2)「おかえりなさい」

　　3)「何を買ってきたの」の問いに答える

　　4) メモと買ってきた物とを照合する

　　5)「いただきます」を言う

　　6) 買ってきた物を食べる（飲む）

　　7)「ごちそうさま」を言う

　　8) あとかたづけをする

---

●は標的行動

4品並べられていました。品物は指導ごとに換えていきました。店員にはFさんが買いに行く物があらかじめ知らされていませんでした。また，店で売られている品物は，写真にとってポケットアルバムに収められており，Fさんはその中から買いたいものを選択しました。なお，ポケットアルバムの中の写真と店で売られている品物とは一致していました。「買い物」のルーティンに基づいて指導が展開されました。「いってきます」等が自発的に表出されなかった（無反応の）場合には，①時間遅延5秒（5秒間注目する），②言語的手がかり（「何て言うの」），③単語カードによるモデル部分提示（たとえば「いってきます」の場合は"い・・・・"と書かれたカードを提示），④単語カードによるモデル全提示（"いってきます"と書かれたカードを提示）のプロンプト（17ページを参照してください）を，指導者が順次与えるようにしました。1回の所要時間は約15分でした。

　1日に2〜3回，全28回の指導を行ったところ，24回めからは「いってきます」等が自発的に表出されるようになりました。また，指導終了後，家庭においても「いってきます」等の般化（122ページを参照してください）が一部みられ，さらには5か月後も指導終了後の状態がほぼ維持されていました。

## 7 （ASD児）ジャンケンができない

> ASD児の中には，ジャンケン技能の獲得に困難がみられたり，ASD児特有の行動パターンがみられたりすることがあります。

**⊕ 支援Point ▶ ⑦ 勝敗概念 → 競争意識 → ジャンケンのルールの理解 → ジャンケンの目的の理解**

　ASD児がゲーム，スポーツなどのような一定のルールに基づいて行われる競争行動の獲得に困難がみられることはよく知られており，また学校や家庭等において日常的にもしばしば観察されます。ここでは，競争行動を，勝つこと，すなわち優越への志向に動機づけられた目的的行動を総称するものとして捉えることにします。この競争行動の獲得は，集団参加の機会を拡大するばかりでなく，余暇を活用する（楽しむ）という点でもASD児にとってきわめて重要な指導課題の1つであると考えられます。

　ところで，もっとも身近な競争行動の1つとしてジャンケンがあげられます。ジャンケンは，所定のルールに基づき，一連の相互過程が進行して勝敗が決着して終わるという構造をもつことからゲームとしての構成要素をほぼ網羅していると考えられます。ASD児のジャンケン技能の発達は同じ精神年齢の定型発達児に比べて著しく遅れるばかりでなく，ASDを伴わない知的障害児と比べてもその技能の獲得に特徴的な現象を示します。すなわち，ASD児のジャンケンの特徴として「ジャンケンの機械的模倣」があげられます。

　これは，「ジャン・ケン・ポン」で拳を出すことができますが，出した拳が相手と異なっていると，自分の拳を相手と同じものに換えてしまう（アイコの状態にする）という行動パターンです。この現象が現れる原因として次のことが考えられます。ジャンケンの機械的模倣を示すASD児は，①グー，チョキ，パーの拳の形を知っており，またそれらを出す動作ができる。②グー，チョキ，パー間のルール（勝敗関係）の理解ができていない。③何のためにジャンケンをするのかというジャンケンの目的の理解がなされておらず，またこれと裏腹の関係にある勝ち，負けという二者間の関係に関する概念（勝敗概念）と勝ちたいという意欲（競争意識）が形成されていない。④それにもかかわらず，経験上ジャンケンに関するある程度の知識をもっているため，もちかけられたジャンケンに強調しようとする。しかし，事態の意味がよく分からないため，とりあえず自分の出した拳を相手のそれと同じにする，という同一行動方略を用いてその場をしのいでいる。

　これらのことから，ASD 児に対して，①勝敗概念の形成，②競争意識の成立，③ジャンケンのルールの理解，④ジャンケンの目的の理解という 4 つの段階からなる指導プログラムを用いることによって，ジャンケン技能の獲得が可能になると考えられます。

## ✂ 対応例

　知的障害を伴う ASD の G さんは，中学校特別支援学級の 1 年生です。学級でサッカー等のスポーツや「フルーツバスケット」等のゲームが時どき行われますが，G さんだけ教師や他の生徒からの指示がないと動けません。また，勝っても負けてもそれに伴う感情の表出がみられませんでした。徒競走や持久走では，決められたコースを 1 人で走ることができましたが，競争相手がいても終始自分のペースを崩しませんでした。

　ジャンケンに関しては，グー，チョキ，パーの指示に対してそれぞれの拳を正しく形成できること，また「ジャン・ケン・ポン」のかけ声で拳を出せることが事前に確認されていました。そこで，ベースライン（7 ページを参照してください）を取ったところ，G さんが出した拳は 30 回中 27 回がパーで，勝ちの判断ではすべて G さんが出したパーの勝ちを主張しました。ジャンケンの機械的模倣は 3 回みられました。

### (1) 勝敗概念の形成期

　勝敗概念を形成するために，"ドンケツゲーム（いわゆる「尻相撲」のゲームで，レバーを操作して背中合わせになっている相手の人形を押し倒したほうが勝ちとなる）"とカルタを行いました。

　ドンケツゲームでは，最初，「どっちの勝ち」に対してほとんど応答がみられなかったため，勝者には G さんの好むフライドポテトが与えられるという手続きを加えたところ正答率が高まりました。

　カルタは補助指導者が読み手となり，指導者と G さんが取り手となりました。最終的に絵札を多くとったほうを勝ちとする「累積結果としての勝ち」ではなく，先に絵札をとったほうを勝ちとする「直接的勝ち」という条件のもとで，取り手が絵札を取るたびに G さんに「誰の勝ち」を判断させました。カルタでも，最初のうちは質問に対してまったく正答がみられなかったため，勝者にはフライドポテトが与えられるという手続きを加えたところ正答率が高まってきました。

### (2) 競争意識の成立

　勝敗概念が形成されることによって競争意識が芽生えてくることが示唆されています。ドンケツゲームでは，指導の終盤になると，G さんに自分の人形が先に倒れると即座にそれを元に戻す反則行動が観察されました。

カルタでも，指導の後半からＧさんが自分の左手で指導者の右手を押さえ，自分は右手で絵札を取るという妨害行動が毎回みられるようになりました。

### (3) ジャンケンのルール（グー，チョキ，パー間の勝敗関係）の指導期

10cm×14cmのカード（板目紙）3枚にグー，チョキ，パーの線画をそれぞれ描いたもの（ジャンケンカード）を2組用意しました。1組のカードは赤で縁取りされ，もう1組のカードは青で縁取りされていました。そして，指導者が各組からカードを1枚ずつ抜き出してＧさんに向けて提示し，どちらが勝ちであるかを判断させました。正しく判断できたときには，"ピン・ポン"と言って，Ｇさんにフライドポテトを与えました。アイコは意図的に生じないようにしました。

ところが，6回連続で指導をしても正答率が50％前後にとどまっていたため，手続きを変更しました。すなわち，2枚のジャンケンカードのうち，勝っているほうのカードの下に指導者があらかじめ「勝ち」と書かれた名刺大のカードを入れておき，Ｇさんにも勝ちの表出は「勝ち」と書かれた名刺大のカードを勝っていると思われるほうのジャンケンカードの下方に置かせるようにしました。そして，その判断が正しいかどうかをＧさんにジャンケンカードをめくらせて自己確認をさせるようにしました。その結果，正答率が急上昇しました。

### (4) ジャンケンの目的の指導期

ジャンケンの目的は勝敗を決めることにあります。そこで，一度出した拳を換えてはいけないということをＧさんに理解させるために，(3)で使用したジャンケンカードを用いて，指導者とＧさんがジャンケンを行いました。「ジャン・ケン・ポン」のかけ声で，お互いに台紙（38cm×24cmの板目紙にカードと同じ大きさの枠が赤と青で2つ描かれている）の枠の中にカードを出し合い，その勝ちをＧさんに判断させました。勝者にはフライドポテトが与えられました。

また，勝ちの判断が正しくできるようになった時点で，アイコの集中指導を行いました。その後，Ｇさんがアイコの判断をするときの手がかりとなるように，「アイコ」と書かれたカード（アイコカード）を台紙の上においてジャンケンを行いました。

続いて「カードと拳によるジャンケン」を導入しました。指導者は拳で，Ｇさんはカードでジャンケンを行い，勝者にはフライドポテトが与えられました。最後に，両者ともに拳でジャンケンを行う「拳によるジャンケン」を導入し，勝者にはフライドポテトが与えられました。

8 **（ASD 児）相手の気持ちを読み取れないですぐトラブルになる**

> 言外の意味を理解することに困難があるため，相手から言われたことに対して腹を立
> てたり，暴力をふるったりする子どもがいます。

中 **支援Point** ⑧ **コミック会話**

　ASD の子どもの特性の 1 つとして，相手の気持ちを読み取ることが困難であることが
あげられます。そのことが原因で，対人関係においてトラブルが生じることがあります。
　このような場合，「コミック会話」を用いることができます。これは，人はどう思って
いるのかということを，視覚的支援が有効であるという ASD 児の特性を用いて，視覚的
に示す方法です。
　コミック会話は，次の手順で行います。

**(1) 線画と吹き出しを用いる**

　人物の線画（棒人間）と吹き出しを用います。人物を線画で表すのは，その場で，しか
も短時間で描けるようにするためです。また，ASD 児の中には細部にこだわる特性のあ
る子どもがいるからです。吹き出しも，子どもの理解を視覚的に促すために，言ったこと
を表す吹き出しと思ったことを表す吹き出しを使い分けます。図 9 を参照してください。

**(2) 視覚的に示す**

　その場の状況を視覚的に示すために，紙（スケッチブック等）やホワイトボードなどを
用います。紙の利点は，永続性です。絵は保存でき，また後で見返すこともできます。紙
用のマーカーもいろいろな色のものが市販されています。しかし，紙の欠点は，描いた絵
を消したり，修正したりすることが難しいことです。一方，ホワイトボードの利点は，消

**図 9　コミック会話で用いる線画と吹き出し**

左から，棒人間，言ったことを表す吹き出し，思ったことを表す吹き出し。

したり，修正したりすることができ，柔軟性があります。また，いろいろな色のマーカーを使うことができます。しかし，ホワイトボードの欠点は，消さなければならないことです。特に，ホワイトボードが1枚しか使えないにもかかわらず，別の絵を描いて会話を続けるためには，それまでに描いた絵を消さなければなりません。このような場合には，スマートフォン等で記録を残しておくとよいでしょう。

### (3) 色を用いる

会話に用いる言葉や感情に色を付けることで，言葉や感情が明確になったり，言葉の裏にある意図も明らかになったりする場合があります。例えば，「よい考え」「うれしい」「親切な」などを書くときには緑を，「悪い考え」「いじめ」「怒り」「不親切な」などを書くときには赤を，「悲しい」「落ち着かない」などを書くときには青を用いるようにすることで，他者の思いや感情がより明らかになり，誤解を防ぐことができます。

### (4) 子どもの隣に座る

教師等は基本的に子どもの隣に座るようにします。隣に座ることで描画面に共に注目しやすくなり，また向かい合って座ることで生じる対人的な圧迫感を軽減することができます。

上記の手順を踏まえたうえで，子どもと話を進めながら「いつ」「どこで」「誰が」「誰に」「どうした（どう言った）」「その時どう思った」などについて順に聞いていきます。絵は単純にし，普段の会話のようにテンポよく描いていきます。

なお，トラブルが生じたときに問題解決のための方法としてコミック会話が効力を発揮するためには，普段から日常的な出来事や週末の話題などについて描画を用いた会話を子どもと十分に行っておく必要があります。トラブルが生じたときに，唐突にその時の状況や感情を子どもから聞き取ろうとしても，成果はあまり期待できません。

次にコミック会話の例を示します。授業中，教師の発問に対して発言する際には，挙手をして指名されたら発言する，という学級のルールがあるにもかかわらず，Ｈさんに挙手をしないで出し抜けに発言することがしばしばみられたとします。その結果，考えている途中で答えを言われてしまう，Ｈさんばかり発言してずるいという不満が級友に生じ，Ｈさんと級友との間で授業中にトラブルが生じたり，関係が気まずくなったりすることもあり得ます。

このような場合，担任の教師は，図10に示すコミック会話を用いて，授業中にＨさんが挙手をしないで出し抜けに発言すると級友がどのような気もちになるかを，2枚の絵を描きながら説明することができます。

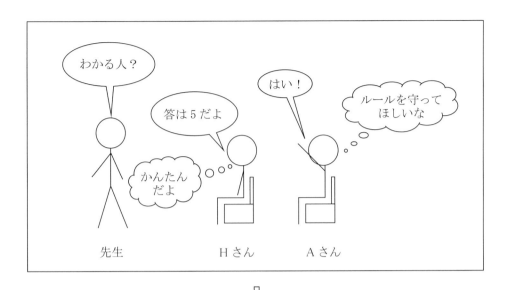

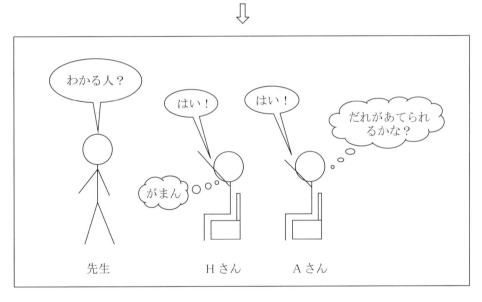

**図 10　発言する際には挙手をすることを促すコミック会話の例**

**✑ 対応例**

　ASD 児の山田さんが，遊び友達の 1 人である I さんから「山ちゃん」と言われ，ばかにされたと思って I さんをぶってしまったとします。

　この場合に重要なことは，①けんか両成敗をしないこと，②山田さんが感じたことを肯定的に受け止めること，③（できるだけ）その場で起きた出来事について説明すること，

④Iさんの心情を視覚的に表すことです。

　もし，その時に，教師の手元にホワイトボードが1枚しかなかった場合には，図11のようなかたちで，山田さんにその時の状況やIさんの心情を説明することもできます。スマートフォンのアプリケーション LINE を想像してください。

**図11　ホワイトボードが1枚しかなかったときの指導例**

## 9 （ASD 児）ルールや約束を守れない

電車やバスの中で隣の席に座った人にしつこく話しかけたり，相手が答えにくいことを聞いたりする子どもがいます。

### ⊕ 支援Point▶ ⑨ ソーシャルストーリー

ASD 児の中には，一般的には当たり前に思われること，見ればわかることなどの理解と習得に困難を示す子どもがいることがあります。社会のルールや約束を守ることもその1つです。このような特性をもつ ASD 児を支援する際には，「ソーシャルストーリー」が有効です。ソーシャルストーリーとは，ASD 児にとってわかりやすい形式を用いて，ある状況や概念，社会的スキルを記述した短い文章のことをいいます。したがって，ソーシャルストーリーは，ASD 児がトラブルになりそうな場面について，その子どもが自分では習得することが難しい対人関係に関する必要な情報を伝えるために作られます。しかしながら，留意すべき点は，ソーシャルストーリーは，ASD 児の行動を批判したり，ASD 児にある行動を無理強いしたりするものではなく，ASD 児に対して対人関係に関する確実な情報を共有し，解説するものであるということです。もし，ある子どものソーシャルストーリー集を作る場合には，その半数以上はその子どもがうまくできることに注目して書くようにします。こうすることによって，その子どもが肯定的な自己評価をもつための

《ソーシャルストーリーⅠ》

かわりばんこってなに？

⑴ なんにんかのともだちが，おなじおもちゃであそびたいとおもうことがあります。

⑵ そのときには，「かわりばんこ」であそばなければなりません。かわりばんこというのは，じゅんばんをきめてひとりずつあそぶことです。そうすれば，みんながなかよくあそべます。

⑶ じぶんのばんになったら，ぼくはそのおもちゃであそぼうとおもいます。ともだちのばんになったときには，じぶんのばんがくるまでまとうとおもいます。

⑷ だから，ぼくはじぶんのばんになったときに，そのおもちゃであそびます。

重要な情報源となるからです。

　例えば，代わり番こにおもちゃで遊ぶことが難しい子どもには，前ページのようなソーシャルストーリーⅠが考えられます。

　それでは，ソーシャルストーリーの作り方について説明します。

　まず，ソーシャルストーリーは，ⅰ）事実説明文，ⅱ）他者心理文，ⅲ）常識確認文，ⅳ）自己決意文という4つの基本的な文型で構成されます。

　ⅰ）事実説明文

　その状況についての事実をありのままに書く文のことです。そして，ある状況の中で，もっとも重要な要素やその題材にとってもっとも重要な側面を明確にするものです。この文型は，ソーシャルストーリーにおいて必要不可欠であり，ソーシャルストーリーの背景となるものです。上記の例の（1）がこれにあたります。

　ⅱ）他者心理文

　その状況にかかわる人々の知識や考え，感じ方，信念，意見，動機などについて説明する文です。多くの場合，さまざまな対人関係場面における世間一般の人々の内面の状態を表すために用いられます。上記の例の（2）がこれにあたります。

　ⅲ）常識確認文

　その状況で対象となる子どもが行うように期待されていることなどを書く文です。その際に，文末の表現を「私は〜する」や「私は〜できる」にすると，対象となる子どもにそのとおりに実行しなければいけない，失敗してはいけないと思わせる場合があるので，「私は〜をやってみます」や「私は〜をがんばってみます」などの表現にします。上記の例の（3）がこれにあたります。

　ⅳ）自己決意文

　その状況で対象となる子どもが，自分の行うことを明確にする文です。上記の例の（4）がこれにあたります。

　次に，ソーシャルストーリーを書く際のポイントについてみていきます。

①ソーシャルストーリーには，いつ・どこで・誰が・何を・なぜ・どうした（5W1H）をはっきりとわかるように盛り込みます。

②「ぼく」「わたし」と1人称の現在形を用い，対象となる子どもにとって出来事が目の前で起こっているように表します。

③対象となる子どもの反応や行動について肯定的に記述し，肯定的な言葉で書くようにします。

④ソーシャルストーリーは，誤解が生じないように正確に（字義どおりに）書くようにします。また，いつも必ず起こるかのように断定的に書くと，そのようにならなかっ

たときに混乱が生じることがあるため，「ふつう」，「ときどき」，「たいていの」といった言葉を文に添えるようにします。

⑤年齢の低い子どもや知的障害のある子どもがソーシャルストーリーを理解しやすくするために，イラストの使用は有効です。

⑥ソーシャルストーリーのタイトルは，平叙文であれ，疑問文であれ，そのストーリーでもっとも重要な情報を明確にし，強調するものにします。

## ✂ 対応例

　Ｊさんは，ASDと知的障害のある知的障害特別支援学校高等部３年生の生徒です。読み書き計算等の基礎的な学力は身についており，また衣・食・住に関する日常生活動作も自立しています。Ｊさんは，高等部卒業後，一般企業への就労を目指しており，職場実習に行きました。ところが，実習先から担任に，「仕事はよくできるが，通勤の電車の中で，隣に座った女性にしつこく話しかけてしまい，そのことが原因でトラブルが生じてしまった。この点を是非改善してほしい」という連絡がありました。

　そこで，担任は，次のようなソーシャルストーリーⅡを作りました。そして，Ｊさんには出勤前にソーシャルストーリーを読み，帰宅後にチェック表で振り返りをすることをアドバイスしました。

《ソーシャルストーリーⅡ》

---

りっぱな社会人になるために

　人はいろいろなことを思います。人は思ったことを言いたくなるときがあります。

　思ったことをそのまま言うと，相手がうれしい気もちになることもあれば，いやな気もちになることもあります。例えば，相手をいやな気もちにさせてしまうことには，「体重を聞くこと」「年齢を聞くこと」「下品なことばを使うこと」などがあります。りっぱな社会人は，相手がいやな気もちになるようなことを言わないように気をつけています。

　だからぼくは，相手がいやな気もちになるようなことを言わないようにがんばります。

　ぼくも立派な社会人になることをめざします。

---

## 10 （ASD児）集団のルールに応じて活動することが難しい

> 集団のルールに応じて活動することが難しく，勝手な行動をとってしまったり，自分の意に反した行動をとる相手に対して暴力をふるってしまったりする子どもがいます。

### 🕈 支援Point ▶ ⑩ パワーカード

　ASD児の中には，落ち着いているときには何をするべきかがわかるが，ストレス下では一定のルーティンやルールに従うことが難しい子ども，新しい物事に意欲をもって取り組むことが難しく，特別な興味・関心によってのみ意欲がわく子どもがいます。その結果，他者と積極的にかかわりたいと思っているにもかかわらず，対人関係上のルールを理解することが困難であるため，対人的に孤立してしまうことになりがちです。このようなASD児に対して「パワーカード」が有効です。パワーカードは，教師や保護者が作る視覚的な補助具で，子どもの特別な興味・関心（ASD児の独特な特性の1つです）を活用して，ルーティンや期待される行動，慣用句やたとえ話などの比喩的表現，暗黙のルールなどを理解しやすくする方法です。

　子どもが興味・関心を示すものを活用することには以下の3つの理由があります。

①意欲を引き出すためです。ASD児は，自分が特別な興味・関心を示すもの（テレビ番組のヒーローや憧れの人，動物，乗り物など）を取り上げられるとよく注意を向けることが多いからです。

②特別な興味・関心を示すものを用いると威嚇的にならないですみます。ASD児にとっては，「これをやりなさい」というトップダウンの指示に従うことよりも，このようなシナリオを受け入れることのほうがたやすいことが多いからです。

③ヒーローや憧れの人と子どもとの「関係」を利用します。子どもは，ヒーローのようになりたいと思うので，ヒーローが提案することを実行しようという気になりやすいからです。

　また，パワーカードを構成するものは，短い「シナリオ」と「小さなカード（これをパワーカードと呼びます）」です。

### (1) シナリオ

　その子どものヒーローや特別な興味・関心の対象と，その子どもにとって難しい行動や状況を素材にして書くシナリオです。シナリオは，その子どもの理解力のレベルに合わせ

て書きます。語彙や文字のサイズも子ども一人ひとりに応じて考えます。その行動が生じる場面を説明する際には3人称現在形で書き、これから起きる出来事を予測するときには3人称未来形で書きます。最初の段落では、ヒーローや役割モデルが問題解決を試みて成功した例について示します。次の段落では、期待される行動を実行可能な3〜5のステップに分けて取り組むように子どもを励まします。

### (2) パワーカード

　名刺サイズのカードを用意します。子どもにとっての特別な興味・関心の対象の小さな画像（写真、教師が描いた絵、子どもが描いた絵、アイコンなど）をカードに加え、上記のシナリオに示した問題行動や問題となる状況の解決策を3〜5のステップに分けて書きます。なお、パウチで加工すると耐久性が増します。パワーカードは、般化（122ページを参照してください）を目指して作られます。したがって、パワーカードは、財布やポケットに入れて持ち歩けるように、またマジックテープで本やロッカーの内側に張り付けられるように、あるいは子どもの机上の端に置けるようにします。

　Kさんのパワーカードを紹介します。ASD児のKさんは小学校3年生です。Kさんの課題として、善悪の判断をすることが難しく、集団のルールよりも自分の興味・関心を優先させてしまうこと、衝動的な行動が目立ち、自分の行動を振り返ることが困難なことが

《シナリオⅠ》

> 「カエルは、じっくりかんがえる」
>
> 　多くのカエルは池や川の近くで生活し、陸上と水中の両方でくらしています。しかし、中にはほとんど陸上だけで生活したり、木の上に登ったりする種類もあります。陸上で生活すると水中よりもてきからねらわれやすくなります。てきから身を守るために、体の色をまわりの石や葉っぱに合わせて変えられる種類もあります。カエルは、てきから身を守り、あんしんして生活するために自分をまわりにとけこませるようにしています。
>
> 　人も安心して生活するために、カエルから学ぶことがあります。
> 　1.　やってよいことか、いけないことかを「かんがえる」
> 　2.　自分のとった行動が正しかったかを「ふりかえる」
> 　3.　毎日の生活に生かすために、大切なことを「もちかえる」
> 　いろいろな場所であんしんして、楽しく過ごすためには、この3つの「かえる」ができるようになることが大切です。

《パワーカード1》

カエルは，じっくり考える

1. 良いか悪いか，考える
2. 自分の行動を，振り返る
3. 大切なことを，持ち帰る

あげられます。また，Kさんは生き物，特に魚やかえるにとても興味・関心を示し，周囲の人が驚くような知識をもっています。そこでシナリオⅠとパワーカード1を用意しました。

また，パワーカードを効果的に用いるためには，次のことに留意する必要があります。

**(1) 問題行動や問題となる状況を特定する**

教師や保護者は問題行動や問題となる状況を特定し，それを明確に記述する必要があります。また，一度に取り組む行動は1つだけにすることが重要です。

**(2) 子どもの特別な興味・関心を確定する**

多くの場合，子どもがどんなことに興味・関心をもっているかはすでに明らかです。もし明らかでない場合は，子どもの日常生活の実態を調査したり，どんなことに興味・関心があるかを子どもと話し合ったりします。

**(3) シナリオとパワーカードを子どもに紹介する**

シナリオとパワーカードを作ったら，教師（保護者）と子どもはそれを一緒に読みます。最初に全文を読んでから，教師（保護者）はパワーカードがその子どもにとってどうして効果が期待できると考えたのかを話します。自分で読むことができる子どもの場合は，シナリオとパワーカードを他の教師（保護者）や友達に対して読むように励まします。こうすることで，その問題となる状況と適切な行動に対して周囲の人たちが共通理解をすることができるようになります。

**(4) パワーカードの効果を評定し，必要であれば修正を加える**

もしパワーカードを2週間程度実施しても期待したような変容が生じないようであれば，シナリオとパワーカードおよび実施手続きを再検討します。もし修正が必要な場合には，一度に1つの条件だけを変えるようにします。

**(5) パワーカードの実施期間は子どもに決めさせるようにする**

　シナリオを読むことをいつ止めるか，パワーカードを使用することをいつ止めるかの判断を子どもにさせるようにします。しかし，その際には教師（保護者）と子どもとで十分に話し合いをもちます。また，パワーカードを見ることがなくても，「お守り」のように持っているだけで適切な行動が生じるための先行条件（3ページを参照してください）となることがあるので，このような使い方も効果的です。

## ✎ 対応例

　ASD 児の L さんは小学校 5 年生です。L さんの課題として，集団のルールに応じて活動することが難しく，自分の興味・関心を優先させて勝手な行動をとってしまうこと，自分の意に反した行動をする相手に対して暴力をふるってしまうことがあげられます。また，自己評価が低く，自分の良さを見つけられないことも改善点の 1 つです。L さんが興味・関心をもっているものは鉄道で，特に江ノ電が大のお気に入りです。

　そこで，L さんのために次のようなシナリオとパワーカードを作りました。

　出かける前には L さんに必ず読ませ，学校以外は携帯させるようにしました。また，トラブルが起こったときに，振り返りをする場面でも活用しました。

　シナリオⅡとパワーカード 2 を導入後 3 週間ほどたったので，L さんと保護者に「効果に関するアンケート」を取ったところ，表 5 のような結果でした。

《シナリオⅡ》

---

「江ノ電は，ルールを守る」

　江ノ電は，1902 年から 100 年以上続く鉄道です。

　一般道路の中央を堂々と走る普通鉄道としては，日本でただ 1 つの路線です。江ノ電は，鉄道なので鉄道事業法に従って，ルールを守って運行されています。

　ルールを守ることは，

　1. 車両の安全を守る（自分の安全のため）

　2. 乗客や通行人の安全を守る（人の安全のため）

　3. 世の中の役に立つ（みんなが楽しくすごすため）

ことになるので，とても大切なことです。江ノ電は，人が安全・安心に生活できるようにルールを守ることをとても大切にしながら今日も運行されています。

---

《パワーカード2》

江ノ電は，ルールを守る

1. 車両の安全を守る
   （自分の安全のため）
2. 通行人の安全を守る
   （人の安全のため）
3. 世の中の役に立つ
   （みんなが楽しくすごすため）

表5　効果に関するアンケート

|  | 本　人 | 保護者 |
|---|---|---|
| 必要の有無 | 普通 | はい |
| 必要な場所 | 学校で必要 | 大事な時に確認すると，好きな物なので話が入りやすい |
| 効果の有無 | ほぼある | 「安全」「世の中の役に立つ」の言葉に効果あり |
| 効果の内容 | 出かけるとき<br>学校では意味がない<br>学校では使っていない | 行動の結果に対して，振り返る時に有効 |

## 11　友達の失敗を批判する

> 友達が失敗をしたときにそのことを批判し，結果的にその友達との関係が悪化してしまう子どもがいます。

### ✛ 支援Point▶　⑪ ソーシャルスキルトレーニング

　友達が失敗したことを批判する，他人の気持ちを察することができない，傷つくこと・失敗することを恐れて新しいことに取り組もうとしない，知識と生活面での具体的な行動が一致していない，集団のマナーを理解していない。これらは，小学校・中学校の教師が日ごろ児童生徒と接していて感じる子どもの特徴です。これらの特徴のほとんどが社会性にかかわることです。つまり，子どもの感情のコントロールや対人関係スキルの未熟さが指摘されているのです。子どものこのような特徴を改善していくためには，「ソーシャルスキルトレーニング」（以下，「SST」とします）が大きな役割を果たすことができます。

　「ソーシャルスキル」とは，対人関係を円滑に運ぶための知識とそれに裏打ちされた具体的なスキルを総称したものです。ソーシャルスキルという用語には，次の3点の重要な視点が含まれています。

1.　ソーシャルスキルは，学習性であるという考え方です。対人関係スキルの未熟な子どもは，これまでにソーシャルスキルを学習してこなかった（未学習）か，不適切な対応の仕方を学習してきた（誤学習）と考えられます。したがって，対人関係スキルの未熟さを改善するためには，新たにソーシャルスキルを学習すればよいということになります。

2.　ソーシャルスキルを，観察可能な具体的な行動としてとらえるということです。私たちは通常，表現された言葉やしぐさ・表情を介して相手の考えや気もちを理解します。対人関係スキルの未熟な子どもは，このような言葉やしぐさ・表情を適切に表現することが難しいと考えられます。そうであれば，このような子どもに適切な表現の仕方を具体的な行動レベルで学習させようということです。

3.　ソーシャルスキルは，それを用いることによって周囲から強化（4ページを参照してください）が得られることを重視しています。例えば，朝，登校時に教師や友達に「おはよう」と挨拶をすると，「おはよう」と挨拶が返ってきます。このようなソーシャルスキルのキャッチボールが自然に生まれる環境で，ソーシャルスキルは生かされ，

また強化されていきます。

次に，SST の進め方についてみていきます。

**(1) 標的スキルの選定**

まずは，どのようなソーシャルスキルを教えるか（標的スキル）を決めます。標的スキルの選定にあたっては，教師自身の主観を大切にします。教師は子どもたちと日常的に接しており，個々の子どもの課題や特性，学級集団としての特性を把握しているからです。ただし，教師の主観は一種の仮説であるため，その仮説が正しいかどうかを確認するためにはアセスメントを実施することが望ましいといえます。アセスメントの方法は，大別すると「教師が自分で情報を得る方法（面接法，行動観察法，ロールプレイ法，教師評定法など）」，「情報提供者から情報を得る方法（仲間評定尺度法，ゲス・フー・テスト，保護者からの聞き取りなど）」，「子ども本人から情報を得る方法（自己評定尺度法，自己監視法など）」の 3 つがあります (55 ページ, 57 ページ, 71 ページの「用語解説」を参照してください)。なお, SST は，小集団でも，学級を単位とする集団でもどちらでも実施することが可能です。

**(2) 言語的教示（インストラクション）**

これからどのようなソーシャルスキルを学ぶのか，そのスキルを身に付けることが対人関係を改善するうえでいかに大切であるかについて教師が子どもに説明したり，子どもたちと話し合ったりします。ソーシャルスキルの指導効果を高めるためには，できるだけ工夫して SST の大切さを子どもたちに納得させることが大切です。

**(3) モデリング**

教師は，ある対人場面でその場にふさわしいソーシャルスキルを実行して見せます。こうしたモデルを通して，子どもたちにそのスキルを学習させる方法を「モデリング」といいます。モデリングの効果を高めるためには，①モデルはスキル指導の対象児とよく似た特徴をもつか，あるいは対象児が好意や親しみを感じる人にすること，②モデルの行動のポイントがよくわかるように言葉での説明を加えること，③モデルがスキルを実行するところだけを見せるよりも，モデルがそのスキルを実行したらよい結果が得られた（強化された）ところまでを含めて見せることなどが大切です。

モデリングでは，モデルがある対人場面に適切な行動と不適切な行動の両方を演じて見せるので，子どもたちはあのようにすればよいのか，あるいはあのやり方はよくないのかをはっきり区別することができます。つまり，自分の取るべき行動を明確にすることができるのです。

**(4) 行動リハーサル**

モデリングで教示したソーシャルスキルをロールプレイでやらせてみると，ただ単に知識として知っているだけでは適切な場面でそれをうまく実行できないことが多くあります。

ロールプレイで自分がやってみることで，実際の場面で感じるであろう緊張感や不安感を克服して，そのスキルを実行するための自信をつけることができます。緊張感や不安感の強い子どもに対しては，最初は本人の負担をできるだけ軽くするために，教師がそばにつき，子どもと一緒に声を合わせてセリフを言うなどの支援をするとよいでしょう。そして，ロールプレイを重ねるたびに，子どもの様子を見ながら少しずつ支援を減らしていくようにします。

　行動リハーサルで留意すべき点として，①場面や相手をいろいろと替えて練習させること，②そのスキルのバリエーションを増やすようにすることがあげられます。例えば，友達に物を借りる場面では，「貸して」と言うだけでなく，「一緒に使おう」と言うことも適切なソーシャルスキルといえます。また，「貸して」と言ってもいつも貸してもらえるとは限らないので，貸してもらえないときには「後で貸して」と言って，いったん要求を取り下げる方法を教えることも大切なことです。このように1つのスキルがうまく働かないときに，別のスキルを使えることも大切なことです。これを「バックアップスキル」と呼びます。

### (5) フィードバックと強化

　「フィードバック」とは，子どもが実行した標的スキルの適切さについて，どこがよかったか，あるいはどうすればもっとよくなるかなどの情報を与えることをいいます。この場合の強化として，実行できたスキルやスキル要素に対して教師が褒めたり，拍手をしたりすることが考えられます。ただし，実際の場面では，強化を与えることで学習すべき活動への関心がそれてしまうことを防ぐために，強化はできるだけ簡潔に与えるようにします。

　ここでの留意点として，①最初は実行できた点に焦点を当てて，どこがよかったかだけをいうようにすること，②標的スキルを実行できなかった点を指摘する場合には，例えば「声が小さかった」と言うのではなく，「もう少し大きな声で言うともっといいよ」などのようにプラス面へ引き上げる言い方で支援すること，③指導がある程度進んだ後のフィードバックでは，子どものスキルがどのくらい改善したかも伝えることがあげられます。

### (6) 日常場面での指導

　学習した適切なソーシャルスキルを定着させるためには，授業中や休み時間など日常場面においても子どもの行動を支援したり，学習したことを思い出させるようにしたりすることが望ましいといえます。そして，子どもが適切なソーシャルスキルを示したときには確実に強化し，逆に支援をする場合にはさりげなく行うようにします。また，周囲の子どもたちに対しても，対象となる子どもが適切なソーシャルスキルを示したときの対応の仕方（強化の仕方）を教示するとよいでしょう。さらに，朝の会・帰りの会などにおいて，学習したソーシャルスキルを家庭や学校の日常場面において使用することができたかどう

SST「上手な頼み方」

| | 教師の子どもに対する働きかけ | 指導上の留意点 |
|---|---|---|
| 言語的教示 | (1) 自分が普段行っている頼み方を発表させる。<br>・一緒に理科室までこれを運んでくれない？<br>・悪いけど，土曜日のウサギ小屋の掃除を代わってくれない？<br>(2) 相手に承諾されたとき，あるいは相手から断られたときにどんな気持ちになったかを発表させる。<br>「その時は，どんな気もちになった？」<br>・よかった，ほっとした。　・うれしかった。<br>・断られて，がっかりした。 | ・初めて実施する学級の場合には，SSTに入る前に簡単なゲームを取り入れ，子どもの緊張をほぐしてやるとよい。 |
| モデリング | (3) 教師と子どもでペアをつくり，子どもに「上手な頼み方」と「下手な頼み方」の両場面をやってみせる。<br>「それでは，これから 2 つの場面を見せます。どこが違うのかを後で聞きますから，よく見ていてください」<br>・「土曜日は家族と出かける」と理由を言っていた。<br>・相手に聞こえるようにはっきりと話していた。<br>・「悪いけど…してくれない」と言っていた。 | ・声の大きさ，視線と体の向き，顔の表情にはオーバーなくらい差をつけて演じる。<br>・子どもが指摘した意見を板書し，整理する。 |
| リハーサル | (4) 実際に「上手な頼み方」と「下手な頼み方」を体験させる。<br>　必ず頼む役と頼まれる役の両方を体験させる。上手な頼み方をするときには，必要なスキルを意識させるようにする。<br>「それでは，前後の席の友達とやってみましょう。黒板を見ながらやっても構いません。慣れてきたら，黒板を見ないでやってみましょう」 | ・まずは，前後左右の席の級友と2人組でやらせる。その後，時間の許す限り相手を替えて，繰り返しやらせる。<br>・教師は，子どものリハーサル中の様子をよく観察する。良い点は褒め，改善点は具体に助言する。 |
| 振り返り | (5)「振り返りカード」*に記入させることで，本時の学習内容を再確認させる。<br>「やってみた感想を教えてください」<br>・うまく頼めたときはうれしかった。<br>「今日，学習したことを，家庭や学校でも毎日使っていきましょう」<br>「友達が上手に頼めたときには，褒めてあげましょう」 | ・カードに記入した内容を発表させ，出された意見を板書する。<br>・本時の活動の目標を再度確認する。<br>・般化への動機づけを高める。 |

藤枝（2005）を改変した。
「振り返りカード」は，①今日の活動は楽しくできましたか，②今日習ったことはわかりやすかったですか，③今日習ったことを，これから家庭や学校でもやってみようと思いましたか，④これからも友達と仲よくするための方法を勉強していきたいと思いましたか，⑤新しく気がついたこと，うれしかったこと，むずかしかったこと，楽しかったことなどがあれば自由に書いてみましょう，の5項目からなり，①〜④は3件法で，⑤は自由記述で回答を求めた。

かを確認し，強化することも効果的です。大切なことは，SST において身に付けたソーシャルスキルが日常生活のあらゆる場面において使用されるようになることです。

　それでは，SST「上手な頼み方」（前ページ参照）の例を紹介します。対象学年は，小学校4年生です。子どもは，学校生活の中で，お互いに何かを頼んだり，頼まれたりしますが，相手が承諾してくれるかどうかは，頼み方によります。頼み方しだいでは，承諾してもらえなかったり，時には相手を不愉快にさせたりすることもあります。場合によっては対人関係を悪化させる恐れもあるでしょう。そこで，相手を尊重し，不快感を与えないように配慮しつつ，承諾してもらえるためには上手な頼み方のスキルを獲得する必要があります。

## ✂ 対応例

　相手が失敗をしたときに，自分の発する言葉が相手にどのような影響を与えるかに気づき，励ます，共感する，心配するなどのあたたかい言葉かけ（あったかことば）を状況に応じて使えるようにします。あたたかい言葉かけができると，相手の気もちをリラックスさせて関係を深めることができ，ひいてはそのことが自分自身の自己効力感を高めることにもつながっていくと考えられます。

　そこで，次ページのような SST（「あったかことば」と「ちくちくことば」）が考えられます。

---

### 用 語 解 説

**面接法**
　直接面接して，口頭で質問と回答が行われる中で相手を深く理解し，心理的な側面から意識や態度，または発達状況などを調査する方法。

**行動観察法**
　観察者が対象者を客観的に観察し，観測可能な行動の生起頻度・回数を測定し，分析し，統合して，個人の特質を明らかにする方法。

**ロールプレイ法**
　現実に近い模擬場面を設定した上で，参加者に特定の役割を演じさせ，習得した技能の完成度を計ったり，そこで起きる問題点や課題点に対する解決方法を考えさせたりする方法。

SST「あったかことば」と「ちくちくことば」

| | 教師の子どもに対する働きかけ | 指導上の留意点 |
|---|---|---|
| 言語的教示 | (1) 友達がミスをしたときに，これまで自分はどんな言葉かけを行ってきたかを発表させる。<br>・サッカーでシュートを外したときに，ドンマイ。<br>・給食でスープをこぼしたときに，一緒に片づけよう。<br>(2) 自分がミスをしたときに，友達から言われてうれしかった言葉と嫌だった言葉，またそのときの気もちを発表させる。<br>「そう言われたときに，どんな気もちになった？」<br>・次はがんばって！→ うれしかった。よし，頑張ろうと思った。<br>・何やってるんだ！→ もうやりたくなくなった。 | ・ウォーミングアップとして集団で行う簡単なゲームを取り入れてから本題に入ってもよい。<br>・出された意見を板書する。<br>・言葉かけには二通りあることを知らせ，本時は「あったかことば」について学習するとを理解させる。 |
| モデリング | (3) 教師と子どもでペアをつくり，子ども同士のペアと2対2で風船バレーを行い，「あったかことば」と「ちくちくことば」を使った2つの場面をやって見せる。<br>「それでは，これから2つの場面を見せます。どこが違うのかを後で聞きますから，よく見ていてください」<br>・ミスしたときに「気にしない，気にしない」と励ましていた。<br>・ミスしたときに「これじゃ勝てないよ！」と怒っていた。<br>(4) ミスした人が嫌な気もちにならない言い方は，どんな言い方なのかについて話し合う。<br>・あったかことばは，元気が出てくる。<br>・ちくちくことばは，やる気がなくなってしまう。 | ・あったかことばの場面に時間をかけ，ポイントがわかるように進める。<br>・どんな意見も肯定的に受け入れることで，支持的な雰囲気を大切にしながら進めていく。 |
| リハーサル | (5) 実際にあったかことばとちくちくことばを言う場面と言われる場面の両方を体験させる。あったかことばを言うときには，①相手を見て，②聞こえる声で，③いい表情で言うことを意識させるようにする。<br>「それでは，隣の席の友達とペアでやってみましょう。相手のチームと打ち合わせながら，全員が4つの役割を交代でやってみてください」 | ・まずは，前後左右の席の級友と2人組でやらせる。その後，時間の許す限り相手を替えて，繰り返しやらせる。<br>・教師は，子どものリハーサル中の様子をよく観察する。良い点は褒め，改善点は具体に助言する。 |
| 振り返り | (6)「振り返りカード」*で，本時の学習内容を再確認させる。<br>「やってみた感想を教えてください」<br>・あったかことばを言われたときは，うれしかった。<br>「今日，学習したことを，日常生活でも使っていきましょう」 | ・カードに記入した内容を発表させ，出された意見を板書する。<br>・般化への動機づけを高める。 |

* 前出（54ページ）の「振り返りカード」を参照。

## 12 自分の思いや考えを相手に適切に伝えることができない

> 自分の思いや考えを相手に適切に伝えることができないために，相手の考えにしぶしぶ従う子どもや，攻撃的な言い方をしてしまってトラブルになってしまう子どもがいます。

### ╆ 支援Point ⑪ ソーシャルスキルトレーニング

「ソーシャルスキルトレーニング（SST）」については，51ページを参照してください。

### ╳ 対応例

　子どもたちの日常生活において，友達と意見が異なる場面が多くあります。このような場面において自分の思いや考えを率直に言える（主張的行動）子どももいれば，相手の考えにしぶしぶ従う（非主張的行動）子どもや攻撃的な言い方をしてしまってトラブルになってしまう（攻撃的行動）子どももいます。

　そこで，友達と意見が異なった場面でも，適切なコミュニケーションが取れるようになることが求められることから，次ページのようなSST（「自分の思いや考えを伝える」）を設定しました。

---

用 語 解 説

**教師評定法**
　子どもと日常的に接している教師が子どもの行動を評定することにより，行動特徴を明らかにしようとする方法。子どもへの個別面接は不要であるため相対的に容易で，しかも観察者という異質の存在に煩わされることがないため子どもに影響を与えることが少ない。

**仲間評定尺度法**
　集団のリストを与え，個々人に対して一緒に遊びたいか（勉強したいか）否かについて点数で評定させる方法。

SST「自分の思いや考えを伝える」

| | 教師の子どもに対する働きかけ | 指導上の留意点 |
|---|---|---|
| 言語的教示 | (1) 提示された昼休みの場面において，自分がBさんだったらどのように話すかについて発表させる。<br><br>Aさん「じゃ，ドッジボールでいいね，決まりだ！」<br>Bさん「えっ？昨日もそうだったじゃない！」<br>Aさん「何か文句ある？誰も何も言わないからもう決まり！」<br>Bさん「○○○○○○○○○○○○○」<br><br>・言いなりになるかも。<br>・つい，けんかごしになるよ。<br>・なかなか上手に言えないよ。<br>・なんて言えばいいのだろう。 | ・学校生活でよく見られる場面を例にあげる。<br>・上手に言えるようになるためには練習が必要であることを伝え，緊張感を取り除く。<br>・本時は「はきはき行動」について学習することを理解させる。 |
| モデリング | (2) 教師と子どものモデリングを見て，3つの話し方の特徴を考える。<br>・「…でも，僕は…」→ もじもじ（非主張的）行動<br>・「いつも，自分のやりたいことばっかり！」→ とげとげ（攻撃的）行動<br>・「今日はちがうことして遊ぼうよ。サッカーはどうかな」→ はきはき（主張的）行動<br>「はきはき行動のポイントは，何でしょう？」<br>・相手の目を見て，相手の立場を考えながら話す。<br>・自分は○○と思うからどうしたいのかを相手に伝える。 | ・教師が3つの行動を示し，はきはき行動のよさを伝える。<br>・子ども主体の話し合いでポイントを引き出す。<br>・話し方のポイントは，子どもたちの感想を基にまとめるとより意欲的になる。<br>・相手の立場を気づかいながら自分の思いを主張することを押さえる。 |
| リハーサル | (3) 3人組になり，実際にもじもじ行動，とげとげ行動，はきはき行動を体験させる。<br>・Aさん役　・Bさん役　・聞き役（話し方のよかった点を見つけ，ほめる）<br>(4) 主張的な話し方のポイントを意識して別の場面でやってみる<br><br>Cさん「ねえ，この本，図書室に返してきてよ！」<br>Dさん「えっ？でも…」<br>Cさん「いいじゃないの。返してきて！」<br>Dさん「○○○○○○○○○○○○○」 | ・聞き役にBさん役の話し方のよかった点を見つけさせる。<br>・教師は子どものリハーサル中の様子をよく観察する。良い点は褒め，改善点は具体的に助言する。 |
| 振り返り | (5)「振り返りカード」＊に記入させることで，本時の学習内容を再確認させる。<br>「はきはき行動を行うことができたら，よく言えたねと自分に言ってあげましょう。その時は，先生にも教えてくださいね」 | ・カードに記入した内容を発表させ，出された意見を板書する。<br>・般化への動機づけを高める。 |

＊前出（54ページ）の「振り返りカード」を参照。

## 13 気に入らないことがあると友達に暴力をふるってしまう

> 気に入らないことがあったり，思いどおりにならなかったりすると，つい友達に暴力
> をふるってしまう子どもがいます。

### ⚑ 支援Point▶ ⑫ 契約

　「契約」とは強化の随伴性（ある行動を行うならば，ある強化が与えられるという関係性）
を文書にすることです。つまり，トラブルが起きた時にいつでも参照できるように規則や
ルールを文書にし，それを教師と子どもとの間で交わすことをいいます。契約書は，「もし，
あなたが〜するならば，私は○○するでしょう」というように肯定的な文言で書かれ，強
化の随伴操作に必要な項目（行動，条件，基準，強化子など）を含むことが求められます。
　契約書には，後でトラブルになることを避けるために，要求される行動が正確に記述さ
れていなければなりません。そのために教師と子どもが契約条件に関する話し合いをもち，
契約書を作成したら，教師と子どもはそれにサインをして，各自がコピーを持つようにし
ます。子どもが契約条件を確実に理解できているかどうかを確認するためには，子どもに
それを読み返させ，別の言葉でいい直させるとよいでしょう。契約は，単にそれに従うこ
とよりも目標の達成を求め，またそれに対して常に一定の強化が与えられなければなりま
せん。

《契約書Ⅰ》

---

M さんと先生とのやくそく

　M さんは，8 時 30 分までに登校し，自分の席にすわって，先生を待ちます。その
ために，夜は 10 時までに寝ます。
　ちこくしないで登校できたときには，金のシールが 1 枚もらえます。
　金のシールが 5 枚たまると，△△のキャラクターのシールを 1 枚もらえます。

日付

児童の名前

担任の名前

　例えば，3年生のMさんがいつも遅れて登校してくるために，朝の学級活動を定刻に始められず，担任が困っている学級があったとします。この場合，担任は，Mさんと話し合いをもち，前ページのような契約書Iを作ることが考えられます。


## ✂ 対応例

　4年生のNさんと担任とで，友達に暴力を振るうとどうなるか，また今後，暴力を振るわないようにするためにはどうすればよいかについて話し合いをもちます。そして，その結果に基づいて契約条件を決め，契約書を作成します。契約書ができたら，その内容についてNさんの言葉で説明をさせ，確認をします。もし，あいまいな言い回しがあった場合には，明確な表現に修正します。内容の確認ができたら，Nさんと担任がサインをし，そのコピーを取って，互いに1部ずつ保管します。

　その後，機会をとらえてNさんとの間で契約書の内容について確認をし，契約内容が守られていれば称賛し，かつ激励します。

《契約書II》

---

Nさんと先生とのやくそく

　友達になぐる・けるなどのぼう力をふるうと，友達がけがをすることがあります。きっと後でNさんもいやな気もちになるでしょう。また，友達との関係も悪くなります。

　もし，いやなことがあったり，いらいらしたりするときには先生のところに来てください。先生はNさんの話を聞きます。

　○月○日～○月○日までNさんが友達に対してぼう力をふるわなかったときには，学校のパソコンでゲームを20分間できます。

　以上のことをやくそくします。

日付<br>児童の名前<br>担任の名前

---

## 14 注意されると反抗的な態度を示す

教師や保護者や友達から注意を受けると，反抗的な態度を示したり，攻撃的な言い方をして相手を傷つけたり，感情的になってけんかになったりする子どもがいます。

### ╀ 支援Point ⑪ ソーシャルスキルトレーニング

「ソーシャルスキルトレーニング（SST）」については，51 ページを参照してください。

### ✂ 対応例

　周囲の人から注意を受けたときに，子どもが反抗的な態度を示したり，攻撃的な言い方をして相手を傷つけたりするのは，怒りの感情が起きたときの対処方法を知らなかったり，誤った対処方法で怒りの感情を増幅させたりしているためであると考えられます。子どもが怒りの感情についての理解を深めたうえで上手にコントロールし，適切に表現する方法を身に付けることによって，より良好な対人関係が促進されると考えられます。そこで，次ページのような SST（「怒りの感情を小さくしよう」）を設定しました。

SST「怒りの感情を小さくしよう」

| | 教師の子どもに対する働きかけ | 指導上の留意点 |
|---|---|---|
| 言語的教示 | (1) ウォーミングアップとして，黙ってピース握手（Ｖサインをして指先を触れ合わせる）での「よろしくゲーム」をする。<br>(2) 本時のめあてを確認する。<br>「自分の中で，イカリ（怒り）君が大きくなっているときは，頭に赤信号を思い浮かべてね。赤信号にはどんな意味があった？（危険，止まれ）イカリ君を小さくしたいときには，どうしたらいいでしょう？」 | ・非言語による楽しい雰囲気づくりをする。<br>・本時は，怒りの感情を小さくするための方法について学習することを理解させる。<br>・赤信号で状況を把握させる。 |
| モデリング | (3) 怒りの感情を小さくするための4つの対処法を知る。<br>「イカリ君を小さくするための4つの魔法の技を教えます。どの方法が自分に合うかを考えてね」<br>　①「魔法の深呼吸」→「ゆーっくり吸って，ゆーっくり吐いて」<br>　②「魔法の数」（カウントダウン）→「5・4・3・2・1。ハイ，落ち着いた！」<br>　③魔法の呪文（自己暗示）→「落ち着いて，落ち着いて」「大丈夫，大丈夫」など<br>　④魔法のドア（イメージ）→「イカリ君は，爆発しそうで気もちのよいことを忘れているよ。それを思い出すと，イカリ君もいい気もちになれるよ」高い山の上から景色を眺めるなど | ・子どもの考えを大切にしながら，4つの方法を学ばせる。<br>・自分に適したスキルを見つけられるようにする。<br>①呼吸法を伝える。<br>②しぼんでいく赤い風船に合わせて気分を落ち着ける。<br>③自分に合った言葉でよいことを伝える。<br>④絵や写真を活用して，具体的にイメージさせる。 |
| リハーサル | (4) 現実に近い場面でリハーサルをする。<br>「校長先生から3通の手紙が届きました。さっき勉強した方法で，それぞれの場面でのイカリ君を小さくしてみましょう。隣の友達とペアになってやってみてください」<br>　①順番に列を作っていたのに，「きちんと並んで」と言われた。<br>　②掃除の時間に遊んでいる友達を注意したら，文句を言われた。<br>　③家で宿題をやらないでずっとゲームをしていたら，お母さんに叱られた。 | ・エピソードを基に場面設定を行うが，特定の個人が想起されないように配慮する。<br>・3つの場面を繰り返し練習させる。<br>・子どものリハーサル中の様子を観察し，良い点は褒め，改善点は具体的に助言する。 |
| 振り返り | (5)「振り返りカード」*に記入させることで，本時の学習内容を再確認させる。<br>「4つの魔法のうち，どれが一番自分に合っていましたか」<br>　・③の魔法の呪文を使うと，イカリ君が小さくなる気がする。<br>「今日，学習したことを，日常生活でも使っていきましょう」 | ・カードに記入した内容を発表させ，出された意見を板書する。黄信号から青信号に変わることを確認する。<br>・般化への動機づけを高める。 |

門原（2005）を改変した。
＊「振り返りカード」は，①今日の活動は楽しくできましたか，②今日習ったことはわかりやすかったですか，③どの魔法の技を使いましたか（いくつでもいいです），④今日習ったことを，これから家庭や学校でもやってみようと思いましたか，⑤これからも友達と仲よくするための方法を勉強していきたいと思いましたか，⑥新しく気がついたこと，うれしかったこと，むずかしかったこと，楽しかったことなどがあれば自由に書いてみましょうの5項目からなり，①②④⑤は3件法で，③⑥は自由記述で回答を求めた。

## 15　外出から帰ったとき，食事の前，トイレを使った後に手を洗わない

> 外出から帰ったとき，食事の前，およびトイレを使った後に手を洗わない子どもがいます。

### 支援Point　　⑨　ソーシャルストーリー

「ソーシャルストーリー」については 43 ページを参照してください。

### 対応例

外出から帰ったとき，食事の前，およびトイレを使った後などに，声かけをしないと手を洗わない子どもがいます。

目先のことにとらわれてつい忘れてしまうということもあるかと思われますが，何のために手を洗うのかということが十分に理解できていないことも考えられます。

そこで，このような子どもたちに対して，何のために手を洗う必要があるのかということを理解させるために，次のようなソーシャルストーリーⅢを作りました。

《ソーシャルストーリーⅢ》

---

#### 何のために手を洗うの？

手がきたなくなったときに，手を洗います。手を洗うと，手がきれいになります。

子どもたちの多くは，外で遊んで帰ったときにも，手を洗います。食事の前にも，手を洗います。それから，トイレの後にも，手を洗います。

手を洗うと，ばいきんから体を守ることができます。そして，病気になりにくくなります。だから，わたしは手を洗うことをがんばってみます。

手を洗うことは，病気にならないためにとても大切なことです。

## 16 （ASD 児）比喩や慣用句を字義どおりに解釈する，曖昧な指示を理解することが難しい

> ASD 児の中には，比喩や慣用句を字義どおりに解釈したり，曖昧な指示を理解することが難しかったりする子どもがいます。

### ⊕ 支援Point ⑭ 慣用的な表現の意味を学習する機会を設ける，言外の意味を教える

　ASD 児の中には，比喩や慣用句を字義どおりに解釈してしまい，周囲の人とうまくコミュニケーションをとれない子どもがいます。

　ASD 児の O さんは，昼食時に，大量の食事をとっていたところ，母親から「そんなに食べると豚になっちゃうよ！」と言われました。すると，O さんは急に食事をやめ，黙って洗面所に行きました。しばらくして，戻ってくると，「あーよかった。わたし，豚になっていなかった」と言いました。

　ASD 児の P さんは，担任の先生から「P さん，忙しいので，悪いけど，ちょっと手を貸してもらえないかな」と言われたので，「先生，僕の手は切らないと貸せません」と答えました。

　一方，ASD 児の中には，曖昧な指示を理解することが困難な子どももいます。「そこに置いてください」「ちょっと待ってください」というような指示をだされると，理解することが難しいのです。つまり，「そこ」とはどこを指すのか，「ちょっと」とはどれくらいの時間をいうのかが想像できないのです。例えば，病院の受付などで，「順番にお呼びしますから，おかけになって，しばらくお待ちください」と言われたとします。私たちは，「しばらく待つ」という指示を，1 人あたりの受付に要する時間，待っている患者の人数，受付の担当者の人数などその場面の状況と重ね合わせて，どれくらいの時間待てばよいかを推測します。ところが，ASD 児者は，人に本来的に備わっている意味をとらえようとする自然な傾向性，つまり情報（この場合，「しばらく待つ」という指示やその場面の状況）を意味のある全体にまとめ上げようとする動因（これを「全体的統合への動因」といいます）が弱いと考えられています。換言すると，ASD 児者には，「木を見て森を見ず」という特性があると考えられます。細部に注意しすぎるあまり全体を把握することが困難であるといえます。この特性によって，曖昧な指示を理解することが困難であると考えられます。

## ✄ 対応例

　比喩や慣用句を字義どおりに解釈してしまう ASD 児に対しては，比喩や慣用句を他の表現に置きかえる（比喩や慣用句を用いない）こと，比喩や慣用的な表現を学習する機会を設け，言外の意味を教えることなどが考えられます。

　また，曖昧な指示を理解することが困難な ASD 児に対しては，直接的，具体的な表現をすることが望まれます。

用 語 解 説

### 通級指導教室

　通級による指導は，1993 年度から制度化され，学校教育法施行規則第 140 条および第 141 条に基づいています。もともとは言語障害特殊学級（現在の特別支援学級）が通級制度によって運用されていたことを反映しています。

　小・中学校の通常の学級に在籍している障害の軽い児童生徒が各教科などの指導の大半を通常の学級で受けつつ，障害の状態に応じた特別な指導（「自立活動」に関する指導）を特別の場（通級指導教室）で受けることができる指導の形態をいいます。

　対象となる障害は，言語障害，自閉症スペクトラム障害，情緒障害，弱視，難聴，LD，ADHD，その他の障害（肢体不自由，病弱・身体虚弱）です。知的障害は，対象から除かれます。それは，知的障害児には，生活に結び付く実際的・具体的な内容を継続して指導することが必要とされるため，一部特別な指導を行うという指導の形態がなじまないからです。LD，ADHD は，2006 年度から通級による指導の対象となりました。また，2018 年度からは，高等学校にも通級指導教室の設置が可能となりました（年間 7 単位以内）。

　小・中学校では児童生徒 13 人に対し教員が 1 名配当されます。通級による指導を行う場合には，一人ひとりに応じた特別の指導を，小・中学校の通常の教育課程に加えたり，一部替えたりして，特別の教育課程によることができる特例が認められています。授業時数は，年間 35 単位時間〜280 単位時間（週 1〜8 単位時間）までを標準とします。LD および ADHD の児童生徒は年間 10 単位時間〜280 単位時間までを標準とします。また，自校通級（在籍校に通級指導教室が設置されており，その教室に通って指導を受ける形態），他校通級（通級指導教室が設置されている他の学校に通って指導を受ける形態），巡回指導（通級指導の担当者が該当する児童生徒のいる学校に赴き，指導を行う形態）などの形態があります。なお，通級による指導を受けている児童生徒の約 90％は小学生で，中学生は約 10％です。

　特別支援学校で通級による指導を受けることも可能です。

## 17 （ASD児）ゲーム中，自分の負けがわかるとやめてしまう

> ゲームをすると，勝つことや1番になることにこだわりを示し，自分が負けることが
> わかるとゲームを途中でやめてしまう子どもがいます。

 **🕀 支援Point▶ ⑨ ソーシャルストーリー**

「ソーシャルストーリー」については43ページを参照してください。

**♉ 対応例**

　ASD児の中には，ゲームなどにおいて勝つことや1番になることにこだわりを示す子どもがいます。これまでの育ちの中で，勝つことや1番になることが推奨されたり，強化されたりしてきた結果であると考えられます。

　そこで，このような子どもたちに対して，友達とゲームをして楽しく遊ぶ時に必要とされる知識やスキルを解説し，共有するために次のようなソーシャルストーリーⅣを作りました。

《ソーシャルストーリーⅣ》

---

友達と楽しく遊ぶために

　友達と楽しく遊ぶことはいいことです。友達と一緒にゲームをして遊ぶときには，ぼくが勝つときもあれば，友達が勝つときもあります。だからゲームは楽しいのです。

　友達がゲームに勝った時には，すなおに友達が勝ったことをみとめてあげるようにします。

　もし，友達がゲームに勝ったら，「もう1回ゲームをやろうか」といえばいいのです。もう1回やろうと友達にお願いをすることは，仲良しだからこそできるのです。

　ゲームをするときには，楽しく遊びましょう。そうすれば，友達ももう1回遊びたいと思うでしょう。

## 18 （ASD児）赤ちゃんの泣き声や救急車のサイレンの音が聞こえてくると パニックになる

> 赤ちゃんの泣き声や救急車のサイレンの音が聞こえてくると過剰に反応したり，いらいらしてパニックを起こしてしまったりする子どもがいます。

### ⊕ 支援Point ▶ ⑮ イヤーマフ・耳栓・デジタル耳栓・ノイズキャンセリングイヤホン・ ヘッドホンの活用

　ASDのある子どもの中には，聴覚に過敏性のある子どもがいます。特定の音に過剰に反応したり，多くの子どもにとって気にならないような音が耐えられないほど大きく感じたりすることがあります。その結果，いらいらしてパニックを起こしてしまったり，痛みや苦しさを感じたりすることもあります。

　ASDの聴覚過敏の詳しい原因はわかっていません。脳の情報処理の仕方に原因があると考えられており，「気のもち方」や「慣れ」の問題ではありません。むしろ，苦手な音を何度も聞かされるなどつらい体験が積み重なると苦手意識が強くなり，さらにつらくなることもあります。

　聴覚過敏は生まれつきのものなので，当事者さえもこの問題を自覚しにくいことがあります。困難が生じても，「みんながまんしている」「自分のがまんが足りないだけだ」と自分を責めてしまうことも少なくありません。

　また，聴覚過敏は，周囲に理解されにくいのが現状です。周囲からがまんを強要されたり，わがままとみなされて責められたりすることもあります。しかし，その音の不快さは，まるで黒板をひっかいた音を聞いた時のような感じで，体が硬直し，思考が停止してしまうこともある，と例える当事者もいます。

　聴覚過敏の子どもにとって苦手な音の例として，次のものがあげられます。

①特定の音：運動会のスタート時のピストルの音，掃除機やドライヤーの音，トイレのエアータオルの音，水洗トイレを流す音，食器が触れ合う音。

②特定の人の声：赤ちゃんの泣き声，子どもの声，大勢の人の会話や人ごみの声，多くの人がいる体育館の中での声や音。

③突然聞こえてくる音：授業のチャイム，救急車のサイレン，ドアの開け閉めやノックの音，くしゃみやせき，踏切の警報器の音。

ただし，苦手な音やその程度は人によって，またその時の状況によって異なります。

**図12　ヘルプマーク**

さて，聴覚過敏への対応として，次の方法が考えられます。

①イヤーマフ・耳栓・デジタル耳栓（騒音は消えて，声だけが聞こえる新しいタイプの耳栓）・ノイズキャンセリングイヤホン・ヘッドホンなどを活用します。その場の状況やその日の体調に応じて，それらを併用したり，遮音率で使い分けたりします。

②イヤーマフに図12のようなヘルプマークを貼り，ヘッドホンと誤解されないようにします。このヘルプマークは，ある標識やステッカーの製造会社が作り，次のURLから無料で利用できるようになっています。http://www.ishiimark.com/symbol_usapin.html

③テレビは音を消し，どうしても見たいドラマや映画は字幕を表示させて見るようにします。

④買い物は，人の少ない時間帯や場所を選んだり，通信販売を活用したりします。

⑤騒々しい場所では，ヘッドホンやイヤホンで好きな音楽を聴きます。あるいは，読書をしたり，イラストを描いたり，何か楽しいことを考えたりします。

⑥家族や周囲の人は，急に大きな声で話しかけたり，怒鳴ったりしないようにします。また，大きな音が鳴る前に，声をかけて伝えるようにします。

⑦疲労がたまったり，不安が強くなったりすると，聴覚過敏症状が出やすくなることが多いようです。早めの休息を心がけ，自分なりにリラックスできる方法を見つけておくことが重要です。

⑧聴覚過敏があることやそれによる耐え難さを周囲に説明し，理解者を増やしていくことも大切です。そして，学校では次のような配慮を依頼してもよいでしょう。

・座席をあまりうるさくならない場所にしてもらう。

・机やいすの脚にテニスボールをつけるなど，不快な音が出にくくなるように環境調整をしてもらう。

・つらくなった時のために，クールダウンスペースを設けてもらう。

## ✂ 対応例

　上述した対応方法の中から，その子どもにあった方法を試してみてください。また，級友から誤解されたり，当該の子どもの自己肯定感が低下したりしないように，教師等や級友に聴覚過敏とその耐えがたさを十分に説明し，理解を得ることも重要です。

## 19 家庭では家族と話ができるが，学校では教師や友達とまったく話ができない

家庭では家族と普通に話ができますが，学校では教師や友達とまったく話ができなかったり，体育の授業などで体を思うように動かせなくなり，固まってしまったりする子どもがいます。

### ₼ 支援Point　⑥ 選択性緘黙 → 共同行為ルーティン

　「選択性緘黙」（「場面緘黙」ともいいます）とは，家庭などでは普通に話ができるにもかかわらず，学校などの特定の場所で1か月以上話ができない状態をいいます。自分の意志で話さないのではなく，話す必要があると思っても話すことができず，また体育の授業などで体を思うように動かせなくなり，固まってしまうこともあります。5歳未満でこのような状態がみられることが多く，500人に1人の割合で出現しているといわれています。また，出現率は男子よりも女子に多いという報告が多くなされています。原因ははっきりしていませんが，生物学的な要因として不安になりやすい気質があり，そこに心理的・社会的な要因などが重なって上記のような状態を示すといわれています。選択性緘黙の経過は子どもによって異なりますが，10歳までに改善しない場合に成人になってもこのような状態が続くことがあります。

　ところで，コミュニケーションが成り立つためには，動作・態度表出，感情・非音声言語表出，音声言語表出という3つの水準が適切に機能している必要があります。選択性緘黙児の指導を行う際には，まず動作・態度表出，感情・非音声言語表出に働きかけ，音声言語表出の指導は最後に行うことが望ましいと考えられています。つまり，発話の指導の前段階として，非音声言語によるコミュニケーション指導を行う必要があるといえます。

　そこで，選択性緘黙の小学校2年生の女児Q（以下，「Qさん」とします）に対し，コミュニケーションカード（2cm×8.5cmの厚紙に，「おはようございます」「ありがとうございます」「さようなら」と印字し，それをラミネート加工した後にリングにとじたもの）を用いて挨拶やお礼（以下，「挨拶等」とします）の自発的な表出を目指した指導を学校生活の日常場面において行った事例について紹介します。

　挨拶等が求められる4つの場面からなる共同行為ルーティン（32ページを参照してください）を設定しました。指導は，担任教師（以下，「担任」とします）と学生ボランティア（以下，「AT」とします）の2人で行い，担任は「おはようございます」（場面1）「ありがとうご

ざいます」（場面2）「さようなら」（場面3）の指導を，AT は「ありがとうございます」（場面4）の指導を行いました。指導の流れを表6に示します。Qさんにコミュニケーションカードによる挨拶等の自発的な表出がみられない場合には，場面1・2・3では担任が，場面4では AT が「どうするの？」とプロンプト（17ページを参照してください）を提示しました。

　その結果，Qさんは担任や AT に対して挨拶等を自発的に表出するようになり，他の日常生活場面でも友達や他の教師に対して挨拶等を自発的に表出することが可能になりました。また，身振りサインや筆談，発話もみられるようになり，コミュニケーション様式の変換がなされました。

### 表6　コミュニケーションカードを用いた挨拶等のルーティン

　場面1：登校後に挨拶をする
　　　(1) Qさんが登校する（担任は教室の教師用の机で待機）
　　　(2) 身支度をする
　　　(3) 担任の方に向かう
　● (4)「おはようございます」のコミュニケーションカードを見せる
　　　(5) 担任が「おはようございます」と応答する

　場面2：帰りの会でお礼を言う
　　　(1) Qさんが連絡帳を持ってくる
　　　(2) 担任が連絡帳を確認し，スタンプを押す
　● (3) 担任に「ありがとうございます」のコミュニケーションカードを見せる
　　　(4) 担任が「はい」と応答する

　場面3：帰りの会終了後に挨拶をする
　　　(1) クラス全体でさようならの挨拶をする
　　　(2) 挨拶が終わった後に，担任の方に向かう
　● (3) 担任に「さようなら」のコミュニケーションカードを見せる
　　　(4) 担任が「さようなら」と言う

　※以上のやり取りを，1日に1回ずつ行う

　場面4：休み時間にお礼を言う
　　　(1) 休み時間に AT が「スタンプほしい？」「色紙ほしい？」と聞く
　　　(2) Qさんが応答する
　　　(3) AT がスタンプを押す，または色紙を渡す
　● (4) Qさんが「ありがとうございます」のコミュニケーションカードを見せる
　　　(5) AT が「どういたしまして」と言う

　※以上のやり取りを，1日に1回行う

● は標的行動

## ✂ 対応例

　前ページの事例を参考にしてください。Qさんの指導では，発話を標的行動にしませんでした。しかし，日常生活の文脈を活用して繰り返し指導を行ったことによって文脈の理解がなされ，標的行動が安定して表出されるようになったと考えられます。また，Qさんはコミュニケーションカードを学校にいる間は常時携帯していたため，随時使用が可能でした。さらに，周囲の教師や友達がコミュニケーションカードを用いることによってQさんとコミュニケーションが成立することを理解しており，Qさんもコミュニケーションカードを使用するたびに周囲から強化を受けたことによって，コミュニケーションカードの使用の般化が促進されたと考えられます。一方，指導開始前に比べて指導開始後はQさんにかかわる友達の数が増えました。友達とかかわることがQさんにとって教室内での心理的負荷を軽減することにつながり，その結果としてコミュニケーション様式に変換がもたらされたと考えられます。

---

### 用 語 解 説

**ゲス・フー・テスト**
　互いに熟知している集団の成員に「最も親切な人は誰か」，「誰に対しても優しい人は誰か」，「いつも決まりを守っている人は誰か」など，行動，態度，能力などに関する質問を行って，その報告の結果をもとに人物の評価をする検査。

**自己監視法**
　目標行動の生起を自分自身で観察，記録，評価することで，目標行動の頻度を調節する方法。セルフモニタリング法ともいいます。

**自己評定尺度法**
　あらかじめ設定された明確な評価段階に従って，態度・傾向，性格，集団内でのやり取り，雰囲気などについて，応答者自身に判断させる方法。その際に用いられる段階的なカテゴリーを評定尺度といい，「よい，ややよい，普通，やや悪い，悪い」など5〜9段階の等級が多く用いられます。

## 20 そうじをさぼる（やらない）

掃除や係の仕事をさぼったり，あるいはその場にいてもおしゃべりをしていたり，ふざけていたりする子どもがいます。

### ♁ 支援Point▶ ⑯ トークンエコノミー法

「トークンエコノミー法」が有効です。この方法を行うためには，「トークン」と「バックアップ強化子」が必要です。トークンとは，価値のある強化子（バックアップ強化子）と交換できる代用貨幣のことです。この方法は，私たちの日常生活でも用いられています。ポイントカードがそれにあたります。ポイントカードでは，商品を購入したり，来店したりした際にスタンプなどを押してもらい，それがたまるとクーポンとして使えたりします。これは，店にとっては望ましい行動である商品の購入や来店を，スタンプというトークンとクーポンというバックアップ強化子によって強化するシステムであるとみなすことができます。

トークンは望ましい行動の直後に与えられ，一般的にはスタンプ，シール，チェックマーク（✓）などが用いられます。この場合，トークンそのものが強化の機能をもつわけではなく，強化の機能をもつもの（バックアップ強化子）との交換によってはじめて，トークン自体に強化価（力）が与えられると考えられます。トークンには，携帯性，耐久性，操作の容易性を備えている必要があります。また，トークンの数を正確に記録しておくために，記録カード（「がんばりカード」など）を用意するとよいでしょう。記録カードとして日時と空欄からなる表がよく用いられますが，年少児や障害児を対象とする場合，すごろくのようにゴールまでの行程を示す枠を作っておき，そこにシールを張ったり，スタンプを押したりすると興味をもって取り組むことができます。

集団に対してトークンエコノミー法を適用する場合，バックアップ強化子の選択が特に難しい問題となってきます。集団内の子ども1人ひとりを十分に動機づけ得るものを与えられるように，幅広いさまざまなバックアップ強化子を用意しなければなりません。品物（金のシール，賞状）や好きな活動（給食の時にお代わりができる，学活の時間にゲームができる）など各種取りそろえる必要があります。

1人の子どもであれ，学級全体であれ，教師がトークンエコノミー法を用いるときには，次の4点について子どもに理解させることが求められます。

(1) どのような行動をすればよいのかということを子どもに明示します。この場合，標的行動とその許容範囲を具体的に示す必要があります。

(2) トークンを集めることによってどのようなバックアップ強化子を手に入れることができるかを明確にします。

(3) トークンをいくつ集めることによってバックアップ強化子と交換できるのかを明示します。開始当初は，この方法を確実に機能させるために，子どもが短期間でバックアップ強化子を獲得できるように基準を低めに設定しておきます。こうすることによって，子どもはトークンを集めるとバックアップ強化子を獲得できるということを理解できます。子どもがこの方法のシステムを理解できたら，子どもの了解を得ながら基準を徐々に高めていけばよいでしょう。

(4) トークンをバックアップ強化子と交換できる時期を明確にします。一般的には1日の終わりあるいは1週間の終わりに交換タイムを設けます。しかしながら，この方法の開始直後や年少児・障害児を対象とする場合は，交換時期をできるだけ早期に，しかも頻繁に設定し，システムが理解されるにつれて回数を減らし，最終的に交換タイムが週に1回となるように設定していくとよいでしょう。

　一方，年少児や知的障害児の中には，数量概念を獲得できていない子どももいます。例えば，トークンを4枚ためると，バックアップ強化子として給食のときに牛乳のお代わりができる，というシステムを説明しても，1〜4の数量概念が未獲得の子どもはこのことを理解できないでしょう。このような場合には，「分割強化子」を用います。まず，バックアップ強化子である牛乳の絵を用意します。そしてこれを4等分し，子どもが標的行動を示した場合に4等分された絵の1部（枚）を与えます。最初のうちは，子どもはその絵の一部がもつ意味を理解できませんが，これが2枚，3枚とたまり，絵が完成に近づくにつれ，子どもは絵が完成すると牛乳がもらえるということを理解し始めます。

　ところで，トークンエコノミー法に関して，教師等の中には強化子をもらえないと望ましい行動を示さない子どもに育つのではないかという懸念をもつ方がいます。確かに，行動が形成されるまでは他者による強化が必要です。しかしながら最終的に目指すのは，自己強化できる人を育てることです。自己強化とは，自分で設定した基準に達したときに，自分がコントロールできる強化子で自分の行動を強化したり，維持したりすることをいいます。例えば，今日は遅くまで残業したけれど，予定した仕事をすべてやり終えたので，

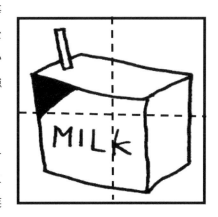

**図13　分割強化子の例**

大好きなケーキを買って帰ろうという場合がこれにあたります。そのために，目標とする行動をより高次のものにしたり，バックアップ強化子と交換できる基準をより高めていくことなどが考えられます。

## ✄ 対応例

　トークンエコノミー法を応用します。まず，掃除の開始から終了までを次のようにポイント制にします。割り当てられた掃除場所に決められた時刻までに行ったら（いたら）1ポイント，任された場所を一定の水準に達するまで掃除をしたら3ポイント，使った用具等の後片付けをしたら1ポイント。したがって，1日に最多で5ポイント獲得できます。また，上記の3項目・日にち・その日に獲得したポイント数・累積獲得ポイント数等を記入するための記録カードを用意します。次に，子どもと話し合ってバックアップ強化子の選定を行います。最後に，バックアップ強化子と交換するために必要なポイント数と交換タイムをいつにするかも子どもと話し合って決めます。その後，バックアップ強化子と交換可能なポイント数を獲得できるようになったら，子どもの了解を得ながら徐々にその基準を高めていきます。

## 21　廊下を走る

> 「廊下は右側を歩きましょう」と注意を喚起しているにもかかわらず，廊下を走る子どもがいます。

### ❖ 支援Point ▶ ⑰ 積極的練習による過剰修正

　「過剰修正法」には，①原状回復過剰修正と，②積極的練習による過剰修正の２つがあります。ここでは，②積極的練習による過剰修正を用います。

　「積極的練習による過剰修正」では，不適切な行動を示した子どもは，誇張された，または過度に修正された適切な行動を行うように求められます。

　例えば，音楽室に移動するために廊下に整列する際に，子どもが話をしながらだらだらと並んだとします。教師は子どもを再び着席させ，並び直させます。この場合に，「教科書・ノート・筆箱・楽器を手提げ袋に入れ，話をしないで，出席番号順に並ぶ」などの整列のルールを子どもに唱えさせながら着席－整列を何度も練習させるようにします。

　過剰修正法は，通常，次の手続きを含んでいます。①子どもに不適切な行動をとっていたことを告げる。②子どもの現在の行動をやめさせる。③子どもが行わなければならない修正行動について口頭で，順序立てて説明する。④修正行動の練習をさせる。⑤子どもをもとの活動に戻す。

　過剰修正の手続きでは，修正行動それ自体は強化されません。また，実際，この手続きには，同じことを繰り返しさせられるという点で子どもにとっては嫌悪的な要素が含まれています。したがって，過剰修正法を用いるときに教師等が怒ったような口調であると，指示が子どもに素直に受け入れられない可能性があるかもしれません。教師等は，威圧的ではないが，頑として譲らない姿勢を示すことが大切です。

### ✎ 対応例

　廊下を走っている子どもを見つけたときには，①子どもに止まるように声をかける。②廊下を走ると他の子どもとぶつかってけがをする危険性があるため，廊下は右側を歩く必要があることを説明する。③子どもを走り始めた地点に戻らせる。④そこから「廊下は右側を歩きます」と唱えさせながら歩かせる。⑤廊下の端まで進んだら，再度子どもを走り

始めた地点に歩いて戻らせる。⑥③～⑤を数回繰り返させる。このような対応が考えられます。

　なお，授業中のため子どもを十分に指導する時間を確保できない場合には，⑤と⑥を割愛してもよいでしょう。

---

( 用 語 解 説 )

**LD（Learning Disability）**

　LD は，これまで「学習障害」と呼ばれていましたが，2013 年のアメリカ精神医学会の診断基準 DSM-5 の発表以降，「限局性学習症（Specific Learning Disorder）」，「限局性学習障害」とも表記されるようになりました。LD は，全般的に知的発達や身体機能に遅れがないにもかかわらず，「聞く」「話す」「読む」「書く」「計算・推論する」能力の特定の分野に困難が生じる発達障害です。LD のタイプは，①読字障害，②書字障害，③算数障害の 3 つのタイプに分かれます。なお，読字障害があると書字障害も伴いやすいといわれています。

　①読字障害：ひらがなの音読が遅く，読み間違える。読んでいる文字や文章の意味を理解することが難しい。文章を読むことがたどたどしく，文章の内容（あらすじ）を理解したり，まとめたりすることが難しい。

　②書字障害：バランスのとれた文字を書くことが難しい。文章を書くときに助詞などをうまく使いこなせない。板書などをノートに書き写す際に時間がかかる。考えた内容を書いて表現することが難しい。

　③算数障害：数概念，数値，計算方法を習得することが難しい。1 桁の足し算を暗算ではなく，手の指を折って数える。文章題を解くことが難しい。

　LD は，何らかの脳機能の障害が想定されていますが，その部位や原因は特定されていません。2012 年に文部科学省が小・中学校を対象に行った全国調査では，学習面に著しい困難を示す児童生徒が通常の学級に 4.5％存在するであろうと推察されています。本格的な学習が始まる小学生頃までは判断が難しく，学校での学習到達度の遅れが 1 ～ 2 学年相当であることが一般的です。特定の分野に困難が生じることを除けば発達の遅れはみられないため，頑張ればできる，努力が足りないなどと見過ごされてしまう場合が多くあります。

## 22　使ったティッシュペーパーを床に捨てる

使用ずみのティッシュペーパーなどをごみ箱に捨てないで，床に捨て置く子どもがいます。

### ✛ 支援Point ▶　⑱ 原状回復過剰修正

　前述したように，「過剰修正法」には，①原状回復過剰修正と，②積極的練習による過剰修正の２つがあります。ここでは，①原状回復過剰修正を用います。

　「原状回復過剰修正」では，子どもは自分が乱した（汚した）状況を元どおりにするだけでなく，それ以上に環境を修復・修正することが要求されます。

　例えば，給食の時間に，同じ班のメンバー４人で机を合わせて食事をするクラスがあったとします。Ｒさんは，「ごちそうさま」のあいさつをすますと自分が使った食器を片付けないで，すぐに遊びに行ってしまうことが時々あり，同じ班のメンバーは代わりに食器を片付けなければならないためにとても困っています。このような場合に，自分の食器を片付けないでＲさんが席を立った際に，教師等は次のように言います。「Ｒさん，自分が使った食器を片付けなさい。それが終わったら，他の３人の食器もすべて片付けなさい」。

　また，環境を修復させるこの手続きを，盗癖をなくするために使った例もあります。すなわち，人の物を盗んだ重度の知的障害者に対して盗んだ物をただ返すだけでなく，相手に同じ物をもう１つ返すようにさせたところ，盗癖が改善されました。

　過剰修正の手続きには，以下のような特徴があります。①子どもが要求される行動は，不適切な行動に直接的に関係していなければならない。気まぐれや単なる嫌がらせとして用いてはならない。②不適切な行動の結果生じたことを元どおりにするために，通常求められる努力を子どもに直接経験させる。③この手続きは不適切な行動が生じた直後に実施される。④修正行動を迅速に行わせることで，不適切な行動が抑制される。

### ✎ 対応例

　Ｓさんが使用ずみのティッシュペーパーをごみ箱に捨てないで，床に捨て置いた場合には，上述した例に倣って教師等は次のように言うことが考えられます。「Ｓさん，今捨てたティッシュペーパーを拾って，ごみ箱に捨てなさい。そして，床に落ちている他の紙くずも全部拾ってごみ箱に捨てなさい」。

## 23 授業中，離席する

授業中，突然立ち上がり，教室の中を歩き回ったり，教室から出て行ったりする子どもがいます。

### ✛ 支援Point▶ ⑲ 機能的アセスメント → MAS → 積極的行動支援

　授業中の離席等の問題行動に対しては，「機能的アセスメント」を用います。問題行動は，そこで起こる行動的な問題が，その子どもを取り巻く環境（当然，そこには人も含まれます）との相互作用の結果，起こったり，変化したりしている状態であるといえます。すなわち，環境が子どもにフィットしていないがために問題行動が起こると考えられます。

　「問題行動」といわれる行動は，子どもの周囲の人にとっては，困った行動・厄介な行動として受け止められがちですが，子どもにとっては，その行動はコミュニケーションの一手段であるととらえることもできます。すなわち，問題行動には，①注目の要求，②物や活動の要求，③（困難な課題や状況などからの）逃避，④自己刺激（体を前後に揺することによって得られる運動感覚刺激など）の獲得の4つの機能（意味）のうちのいずれかがあると考えられています。

　次に，問題行動に対する支援の方法についてみていきます。

### (1) 問題行動の生起に関して必要な情報を収集する

　まず，問題行動を具体的に（観察可能で，測定可能なことばで）定義します。そして，その〈行動〉がどのような状況で起こったか〈先行条件（きっかけ）〉，またその行動が起こった直後に周囲の人たち（教師等や級友）はどのような対応をしたか〈結果〉について情報を収集します。同時に，どのような状況の時にその行動が起こりにくいかについても情報を集めます。また，〔環境的な要因〕についても情報を収集します。環境的な要因とは，問題行動の直接的なきっかけとはならないが，子どもの特性や生育環境など日常生活の中で問題行動が起こりやすい状況を作り出す要因をいいます。その例として，寝不足である，朝食を食べてこなかった，人との適切なかかわり方を理解できていない，基礎的な学力が身についていない，日課や担当教員等に変更があったなどがあげられます。これらの情報収集を行うためには2つの方法があります。1つは，子どもと普段かかわっている教師等や保護者にインタビューを行います。もう1つは，子どもの行動を直接観察し，3ページに出てきた「ABC分析」の枠組みで整理します。

### (2) 機能的アセスメントを行う

　例えば，算数の授業において，〔足し算の繰り上がりを理解できていない〕→〈適用問題のプリントが配られる〉→〈大声で不平をいう〉→〈プリントの問題に取り組まなくてすむ（困難な状況から逃れられる）〉という関連性が明らかになったとします。この場合，〈大声で不平をいう〉という行動は，〈プリントの問題に取り組まなくてすむ（困難な状況から逃れられる）〉という結果によって強化・維持されていると考えられることから，この行動は逃避の機能をもっていると推察されます。このように，問題行動の生起に関する情報を ABC 分析の枠組みで整理し，結果に基づいて問題行動のもつ機能を推察することを機能的アセスメントといいます。

　問題行動のもつ機能をアセスメントするもう 1 つの方法として，デュランドとクリミンスによって開発された「行動動機診断スケール（Motivation Assessment Scale；MAS）」があります。図 16（82 ページ）を参照してください。実施方法は，まず 1 〜 16 の項目に対して 0 点から 6 点までの得点を与えます。次に，その結果を採点表に転記し，機能ごとに合計点を出します。そして，その合計点を 4 で割って平均点を出し，平均点の高いものから順に 1 〜 4 位までの順位をつけます（2 つの機能が 1 位になる場合もあります）。その結果，1 位になった機能がその問題行動のもつ機能であると考えられます。なお，ある子どもが複数の問題行動を示す場合は，問題行動ごとに評定してください。

　当然のことながら，ある問題行動の機能をアセスメントする際に，ABC 分析の枠組みを用いても，MAS を用いても同じ結果（機能）になります。MAS によるアセスメントは，その子どものことを知る人であれば誰でも短時間で実施できるために簡便な方法であるといえるでしょう。一方，ABC 分析の枠組みを用いてアセスメントを行う場合には，一定の時間を必要としますが，子どもの行動を直接観察するために，その結果にはより信頼がおけると考えられます。

### (3) 適切な行動を特定する

　問題行動を減少させることと同時に，適切な行動を増大させることを目標とします。そのために，子どもに本来ならば行ってもらいたい適切な行動である「望ましい行動（上記の例では，「プリントの問題に取り組む」）」と社会的に適切で，しかも問題行動と同じ結果をもたらす（同じ機能をもつ）「代替行動（上記の例では，「教示要求をする」など。30 ページの「代替行動分化強化」を参照してください）」を特定します。なお，望ましい行動を長期目標，代替行動を短期目標ととらえてもよいでしょう。

### (4) 環境的な要因の見直しをする

　子どもにフィットするように環境を調整したり，必要なスキルを指導したりします（上記の例では，「足し算の繰り上がりを個別に指導する」など）。環境の調整においては，家

庭との連携が求められる場合が多くあります。

### (5) きっかけの見直しをする

きっかけによって問題行動が起こります。したがって，そのきっかけを除いたり，修正したりすることによって（上記の例では，「プリントに繰り上がりのある問題と繰り上がりのない問題を混ぜておく」など），問題行動を予防することができます。

### (6) 代替行動を指導する

問題行動と同じ結果をもたらす新たなコミュニケーション行動を形成します（上記の例では，「提示すると支援を受けられる『お助けカード』の使用—結果として，困難な状況から逃れられる—」など）。また，代替行動は，社会的に受容され，しかも子どもの行動レパートリーにある行動の中から選択されると子どもの負担を軽減できます。なお，代替行動の指導は，子どもが問題行動を示していないときに行います。

### (7) 結果の見直しをする

望ましい行動と代替行動は強化します（上記の例では，「お助けカードを提示した場合には，即座に支援をする」）。問題行動に対してはこれまで行ってきた強化を除去します（これを「消去」といいます。上記の例では，プリントの問題に取り組まなくてすむという結果を除去します。具体的には，「（可能な範囲で）子どもにプリントの問題に取り組ませてから授業を終わりにする」ことが望まれます）。図14を参照してください。

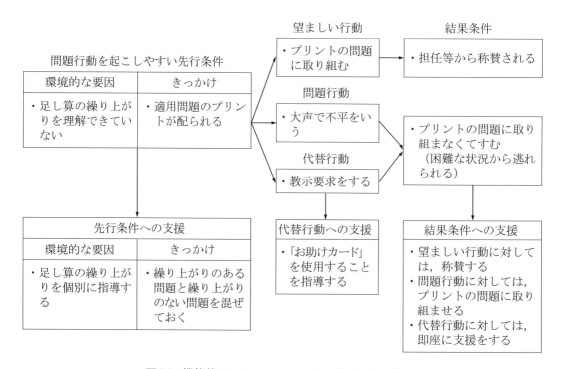

**図14 機能的アセスメントとそれに基づいた支援I**

## ✎ 対応例

　まずは，対象となる子どもの授業中の離席に関する機能的アセスメントを行います。その結果，例えば，以下のことが明らかになったとします。

①〔学年相応の漢字の読み書きができない〕→〈教師が板書をノートに写すように指示を出す〉→〈離席をする〉→〈板書をノートに写さなくてすむ（困難な状況から逃れられる）〉

②〔対人関係スキルが未習得である〕→〈教師が級友にかかわる〉→〈離席をする〉→〈教師から注意をされる（教師とかかわることができる）〉

　この場合，問題行動は同一ですが，結果から①では逃避の機能が，②では注目の要求の機能が推察されます。

　ここでは，②であったと仮定して，対象となる子どもへの具体的な支援方法について以下のように考えてみました。図 15 を参照してください。

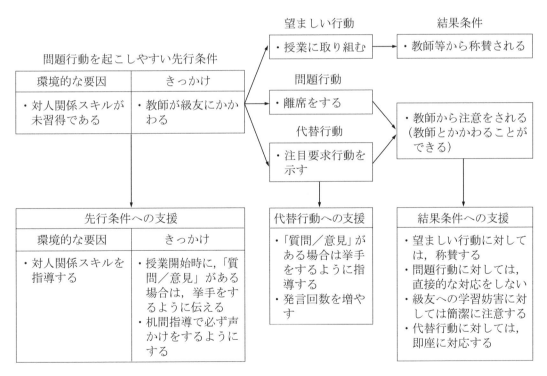

**図15　機能的アセスメントとそれに基づいた支援II**

## 行動動機診断スケール

（V.M. デュランド & D.B. クリミンス）

幼児・児童の名前 _____　診断者 _____　日時 _____

診断する行動 _____

| | | なし 0 | ごくたまに 1 | ときどき 2 | 半分くらい 3 | たいてい 4 | ほぼいつも 5 | いつも 6 |
|---|---|---|---|---|---|---|---|---|
| 1 | その行動は，その幼児・児童が長い間一人にされたら（例えば，数時間）何度も繰り返して起こりそうですか？ | | | | | | | |
| 2 | その行動は，その幼児・児童が何か難しい課題をするように求められたときに起こりますか？ | | | | | | | |
| 3 | その行動は，あなたが同室のほかの誰かに話をしているときに起こりやすいですか？ | | | | | | | |
| 4 | その行動は，その幼児・児童が何か（おもちゃ，食べ物，活動など）を禁止されたときに，それを得ようとして起こりますか？ | | | | | | | |
| 5 | その行動は，もし周りに誰もいなければ，同じかたちで，とても長い間繰り返されますか（例：体を前後に揺する）？ | | | | | | | |
| 6 | その行動は，その幼児・児童に対し何かしらの要求をしたときに起こりますか？ | | | | | | | |
| 7 | その行動は，あなたがその幼児・児童から注意をそらしたときに起こりますか？ | | | | | | | |
| 8 | その行動は，その幼児・児童が好きなもの（おもちゃ，食べ物，活動など）を取り上げられたときに起こりますか？ | | | | | | | |
| 9 | その幼児・児童は，その行動をすることを楽しんでいるように見えますか（感覚的，味覚的，嗅覚的，または聴覚的に）？ | | | | | | | |
| 10 | その行動は，あなたがその幼児・児童に何かをやらせようとしたときに，あなたを困らせようとして行うように見えますか？ | | | | | | | |
| 11 | その行動は，あなたがその幼児・児童に注意を向けていないときに（例えば，別室にいる，別の人に接している），あなたを困らせようとして行うように見えますか？ | | | | | | | |
| 12 | その行動は，その幼児・児童が欲しがっていたものを与えると，すぐに収まりますか？ | | | | | | | |
| 13 | その行動が起きているとき，その幼児・児童は周りで何があっても平気で，それに気づかないように見えますか？ | | | | | | | |
| 14 | その行動は，あなたが授業をやめたり，その幼児・児童に何かを求めるのをやめたりした直後に（1〜5分後）収まりますか？ | | | | | | | |
| 15 | その幼児・児童は，あなたをしばらく独占したいがために，その行動を行うように見えますか？ | | | | | | | |
| 16 | その行動は，その幼児・児童がやりたかったことをできないと告げられたときに起こるように見えますか？ | | | | | | | |

### 採　点　表

| | 自己刺激の獲得 | 逃　避 | 注目の要求 | 物や活動の要求 |
|---|---|---|---|---|
| | 1, | 2, | 3, | 4, |
| | 5, | 6, | 7, | 8, |
| | 9, | 10, | 11, | 12, |
| | 13, | 14, | 15, | 16, |
| 合　計 | | | | |
| 平均点 | | | | |
| 順　位 | | | | |

**図16　行動動機診断スケール（MAS）**

┌─ 用 語 解 説 ─┐

## HSC（Highly Sensitive Child）

　HSC は，人一倍敏感で繊細，感受性が強いなどの気質を生まれつきもっている子どものことをいいます。HSC は，この特徴のため刺激の影響を受けやすく，些細なことが気になってしまいます。一方，人一倍敏感な大人は，HSP（Highly Sensitive Person）と呼ばれます。この HSP という概念は，1996 年にエレイン・アーロンによって明らかにされました。HSP でない人から恥ずかしがり屋，恐がり，臆病などと表現されていた HSP の特徴は，HSP 特有の敏感すぎる気質が原因であることが分かりました。

　HSC は人種に関係なく，どの社会にも 15 〜 20%の割合で存在するといわれています。例えば，1 クラスに 30 人の子どもがいれば，クラス内に 5 〜 6 人は HSC がいることになります。しかし，社会は，約 80%の HSC でない子どもたち向けにできています。したがって，HSC にとって日常生活は疲れることが多いのです。

　次に，HSC の特性をみてみます。HSC であれば，以下に挙げる 4 つの面すべてが当てはまり，逆に，1 つでも当てはまらないと HSC ではないと判断されます。

　①情報を深く受け止め処理する：物事や情報を深く受け止め，考えることが特徴です。じっくり考えるので，行動を起こすのに時間がかかることもあり，周囲からは臆病や引っ込み思案のように見えることもあります。時には，大人びたことを言ったり，物事の本質を突くような鋭い質問をしたりすることもありますが，それも特徴の 1 つです。

　②過剰に刺激の影響を受けやすく，疲れやすい：自分の周りで起こっているすべてのことに気がつき，過剰に刺激の影響を受けやすく，疲れやすいことも特徴です。精神的，肉体的にも負担がかかるため，大きな音が苦手，痛みに弱い，興奮することがあった日の夜は眠れない，遊びに行ってもすぐにぐったりしてしまうなどの特徴がみられることがあります。

　③感情の振り幅が大きく，共感力も高い：すぐ驚いたり，怖がったり，かんしゃくをおこしがちだったりと，物事に対してだけでなく，感情にも敏感です。ポジティブな感情とネガティブな感情の両方に強く反応します。自分の感情にも敏感ですが，人の心を読むことにたけているため，友達が叱られたり，悲しんだりしていると自分事のように受け止めるという人よりも強い共感力をもっています。

　④些細なことでも気になる：人や物の些細な変化などに気づきやすく，察知してしまうことがあります。例えば，かすかな臭いや小さな音，ほんのわずかな味の違い，他者の視線やあざけり，お世辞などの他の人が気づかないちょっとしたことが気になってしまいます。

## 24 授業に参加しない

授業中，離席をする，大声で話をする，課題に取り組まないなどの問題行動を示す子どもがいます。

### ⊕ 支援Point ▶ ㉑ チェックイン／チェックアウト

　学級内に授業に参加しない児童がいる場合には，「チェックイン／チェックアウト」(check in-check out. 以下，「CICO」とします)」を用いることができます。

　CICO を用いた支援は，全米の 3,000 以上の学校で実施され，その成果が報告されています。CICO では，まず始業前に，児童は学校のスタッフ（例えば，養護教諭，児童支援専任教諭など）からチェックインを受け，前日家庭に持ち帰った報告書（後述します）の確認がなされます。そして，その日の CICO カードが渡され，激励されます。CICO カード（10cm × 14cm）には，名前，日付，CICO のスケジュール，学校の 3 つの目標の評価項目，そしてその日の目標ポイントと獲得ポイントを記入する欄があります。CICO では，チェックイン，中休みの前，昼食の前，昼休みの前，そして下校前のチェックアウトの 1 日に 5 回チェックを受けることになります。児童は，CICO カードをバインダーに挟んで常時携帯し，中休みの前，昼食の前，昼休みの前に担任のもとに行き，行動に関するチェックを受けた後，ポイントが与えられます。放課後，児童は再び学校のスタッフからチェックアウトを受け，獲得したポイントをさまざまな「バックアップ強化子」（72 ページを参照してください。その中には，「校長と昼食を食べられる」などもあります）と交換できます。また，その時に，その日の児童の行動に関する家庭への報告書が渡されます。保護者はそれにサインをすることが求められ，児童は翌日それをスタッフに提出しなければなりません。こうすることによって，児童の学校での様子を学校と家庭とで共有することができます。したがって，CICO に保護者があまり協力的ではない場合は効果を期待できません。また，学校のスタッフがチェックインとチェックアウトを担当することによって担任の負担の軽減につながると同時に，問題行動を示す児童を担任が 1 人で抱え込んでしまうことも予防できます。

　CICO は，問題行動が逃避の機能（78 ページを参照してください）をもつ場合よりも注目の要求の機能をもつ場合のほうが効果的であることが示唆されています。というのも，子どもは 1 日に 5 回，学校のスタッフや担任と個別にかかわれる機会が確保されているから

です。

　それでは，ここで，具体例を紹介します。対象児は，異なる学校の通常学級で学んでいる4人の児童でした。彼らは，授業中，課題に取り組まない，大声で話をする，机をたたいて音を出す，友達を小突くなどの問題行動を示していました。そこで，CICOを導入した結果，4人の児童の問題行動は，「ベースライン期」（7ページを参照してください）に比べて，平均17.5%減少しました。


## ✂ 対応例

　上述した方法をそのまま実施しようとすると，現実的にはさまざまな制約があって難しい場合があります。そのような場合は，学校の支援体制や子どもの実態に応じて適宜修正を加えながら実施していけばよいでしょう。

　ここでは，授業参加行動を，①じゅぎょう中，せきを立つ時は先生に言う，②先生や友達の話を聞く，③しじされた学しゅうにとりくむと定義します。

　まず，子どもが示す問題行動がどのような機能をもっているかをMAS（82ページを参照

がんばりカード　　　　　　　　No._____

目ひょう：①じゅぎょう中，せきを立つときは先生に言う　②先生や友だちの話を聞く
　　　　　③しじされた学しゅうにとりくむ

名前（　　　　　　　）

| | 1 | 2 | 3 | 4 | 5 | ○の数 | 先生からひと言 おうちの人からひと言（はんこ） |
|---|---|---|---|---|---|---|---|
| 17 (月) | 国語 ○ | 算数 | 国語 ○ | 生活 | 体育 ○ | 3 | 国語と体育はがんばりましたね。 |
| 18 (火) | | | | | | | |
| 19 (水) | | | | | | | |
| 20 (木) | | | | | | | |
| 21 (金) | | | | | | | |
| 目ひょうの○の数 ☐　　今週の○の数 ☐ | | | | | | | |

図17　がんばりカード

してください）を用いて評定します。

　もし担任以外が支援に加わることが難しい場合は，朝の会の前，中休み，昼休み，帰りの会の後に図17に示す「がんばりカード」を使って担任が子どもの行動をチェックします。担任が子どもと確認しながら，3つの目標を達成できた場合には教科名の下に○をつけます。

　さらに，帰りの会の後に担任がその日を振り返ってメッセージを書くと同時に，持ち帰ったがんばりカードに保護者にも必ずメッセージを書いてもらえるよう依頼します。

　目標とする○の数とバックアップ強化子も，担任と子どもとで話し合って決めます。

---

### 用 語 解 説

**ADHD（Attention-Deficit/Hyperactivity Disorder）**

　ADHD は，これまで「注意欠陥・多動性障害」と呼ばれていましたが，2013年のアメリカ精神医学会の診断基準 DSM-5 の発表以降，「注意欠如・多動症」，「注意欠如・多動性障害」に変更されました。

　ADHD は，不注意・多動性・衝動性といった症状がみられる障害で，これらのうちいくつかは12歳以前にみられます。症状の現れ方によって，以下のように，①不注意優勢型，②多動・衝動優勢型，③混合型に分類されます。

　①不注意優勢型：不注意の特徴が強く現れ，多動性・衝動性の特徴があまり強くないタイプです。授業や読書に長時間集中し続けることが難しい，直接話しかけられたときに聞いていないように見える，資料や持ち物を整理しておくことが難しかったり，失くしてしまったりする，時間の管理が苦手で締め切りを守れないなどの特徴がみられます。

　②多動・衝動優勢型：多動性および衝動性の特徴が強く現れ，不注意の特徴があまり強くないタイプです。手足をそわそわ動かしたり，トントン叩いたりする，不適切な場面で走り回ったり，高いところに登ったりする，しゃべりすぎる，自分の順番を待つことが難しいなどの特徴がみられます。

　③混合型：不注意と多動・衝動の両方の特徴をもつタイプです。

　ADHD のある子どもは，その特性から叱られることが多くなりがちです。叱られることが増えていくと，自信を失い，自己肯定感が低下してしまうこともあるので，子どもの特性を理解して接することが重要です。

　ADHD は行動等をコントロールしている神経系に原因がある脳の機能障害であり，特に前頭葉の働きが弱いことが関係していると考えられています。ADHD の出現率は学齢期の子どもの3〜7%程度と考えられており，男：女の比率は小児期だと2：1とされています。なお，学童期以降には必要に応じて薬物療法が行われることがあります。

## 25　授業中，複数名の児童が離席する

> 授業中に，離席したり，大声を出したりする児童が複数名いると，授業がしばしば中断させられたり，授業の成立そのものが困難な状況になったりすることがあります。

### ┿ 支援Point▶　㉒ 集団随伴性

　かつては小学校の通常学級（以下，「学級」とします）において，離席等の問題行動を示す児童は 1 人程度でした。しかし，近年は，学級の複数名の児童が問題行動を示し，その対応に担任は言うに及ばず，学年全体が疲弊してしまっているケースも数多くみられます。中には，このままいくと学級崩壊になりかねないケースも見受けられます。また，担任自身も，問題行動を示していない児童に対してもう少し手をかけたいと思っていても，そのための精神的，時間的な余裕がないのが現状でしょう。したがって，学級内に問題行動を示す児童が複数名いた場合でも，基本的に担任 1 人で対応でき，しかも問題行動を示していない児童の望ましい行動をも強化できる支援方法が求められます。

　これに対し，学級内の複数名の問題行動を示す児童に対して，第一次介入としてクラスワイドな（学級の全児童を対象とした）支援を行い，それだけでは問題行動に改善がみられなかった児童に対して，第二次介入として個別支援を行う階層的な支援が実施され，その成果が蓄積されてきています。このクラスワイドな支援は，学級の全児童に対して同時に支援を行うため，①問題行動を示す児童に追随する児童が現れることを予防できる，②学級内に問題行動を示す児童が複数名いた場合でも基本的に担任 1 人で対応が可能である，③クラスワイドな支援によって問題行動に改善がみられなかった児童を対象に個別支援を行うというスクリーニングの機能をもつ，という点で担任の負担を軽減できます。また，④問題行動を示す児童は自分だけが支援を受けているという思いをもたなくてすむ，⑤すでに行動目標を獲得している児童はそれを実行することによって担任から強化を得られることから，すべての児童にとってメリットがある方法であるといえます。

　クラスワイドな支援を行うためには，まず特定の児童が示す問題行動を含め，学級の全児童にとって課題となる行動をアセスメントします。次に，その行動を向社会的な行動（社会に受け入れられる行動）に置き換え，学級の全児童に共通する目標として設定し，学級全体で支援を進めていきます。例えば，学級内に授業中離席をする児童がいた場合に，「授業中離席をしない」というように問題行動を禁止することを目標として設定するのではな

く，「授業中席を立つときは担任に断る」というように向社会的な行動に置き換えて目標を設定します。この場合，可能であれば，学級の全児童が目標の設定にかかわれることが望ましいといえます。なぜならば，児童にとっては，担任から与えられた目標よりも，自分たちで話し合って決めた目標のほうが，目標の達成に向けた動機づけが高まるからです。そして，一定期間クラスワイドな支援を行っても目標の達成が困難であった児童がいた場合に個別支援を行います。なお，個別支援の方法としては，**23**で取り上げた機能的アセスメントに基づいた支援などが考えられます。

このクラスワイドな支援を行う際に用いる方法が，「集団随伴性」です。集団随伴性とは，集団全員，またはある特定のメンバーの目標の達成の度合い（遂行結果）に応じて，集団のメンバーに強化が与えられることをいいます。

集団随伴性は，図 18 に示すように，以下の 3 つのタイプに分類されます。

### （1）非依存型集団随伴性

集団のメンバー全員に対して同じ強化が適用されますが，それは各人の遂行結果に基づいて決定され，集団内の他のメンバーの遂行結果は各人が強化を受けることに影響を与えません。したがって，集団に非依存的です。例えば，漢字テストで 80 点以上の得点を獲得できた児童だけに，5 分間の休み時間が与えられるという場合がこれにあたります。

### （2）相互依存型集団随伴性

集団のメンバー全員に対して同じ強化が適用され，集団全体の遂行結果によって全員の強化が決定されます。つまり，各人が強化を受けられるかどうかは集団の遂行結果に依存します。上記の例に倣えば，漢字テストの学級の平均点が 80 点以上ならば，学級の児童全員に 5 分間の休み時間が与えられるという場合がこれにあたります。この場合，集団の規模を学級全体にすることもできますが，4〜5 人からなる小集団にすることも可能です。

### （3）依存型集団随伴性

ある特定の集団のメンバー（1 人または数人）の遂行結果によって，集団のメンバー全員が強化されるかどうかが決まります。すなわち，集団内の各人の強化は，選出されたメンバーの遂行結果に依存しています。上記の例でいうと，漢字テストにおいて，T さん（あるいは，T・U・V さん）の点数が 80 点以上であれば，学級の児童全員に 5 分間の休み時間が与えられるという場合がこれにあたります。

```
                   ┌─ 非依存型（個人）
集団随伴性 ─────────┼─ 相互依存型（大集団・小集団）
                   └─ 依存型（特定のメンバー）
```

**図 18　集団随伴性の 3 つのタイプ**

この集団随伴性を用いることによって，前述したように1人の教師が同時に複数名の児童の行動変容に対応することができます。また，目標の達成に向けてお互いに励まし合うなどの集団内の肯定的な相互交渉が促進されるという成果が期待されます。しかし，その反面，目標を達成できなかった児童が，批判の対象にされるという負の副次的効果をもたらすことも考えられます。これを防ぐためには，①対象となる児童に目標の遂行能力があることをアセスメントしておく，②対象となる児童全員が集団随伴性のシステムについて完全に理解していることを確認する，③児童間の仲間関係に注意を払う，④集団の平均点を遂行結果として相互依存型集団随伴性を用いる場合は，各人（特に平均点に達していない児童）の遂行結果を定期的にチェックするなどの配慮が求められます。

なお，これらの3つのタイプのうち，どのタイプがもっとも有効であるかについては，明らかにされていません。

次に，クラスワイドな支援から個別支援に移行した事例を紹介します。

ASDが疑われるWさんは小学校3年の学級に在籍していました。担任は初任の女性教師でした。授業中に離席する，音楽室への移動に遅れる等の問題行動が頻繁にみられました。そこで，個別支援を導入する前に，まずはWさんの学級に対してクラスワイドな支援を行いました。その背景として，授業中以外でもWさんの支援に多くの時間が必要であったために，他児に対する担任の対応が希薄になってしまっていたこと，一部の男児がWさんの離席に追随していたことなどがあげられます。「できたかなカード」（非依存型集団随伴性）によるクラスワイドな支援を行った結果，Wさんの離席に追随する児童がみられなくなりましたが，Wさんの離席等にさほど改善がみられませんでした。次に，Wさんに対して機能的アセスメントに基づいた個別支援を導入したところ，離席等が顕著に改善され，さらにはWさんの家庭や学校での生活そのものにも望ましい変容がみられました。支援終了後に，担任にアンケートを取ったところ，「『できたかなカード』を全員で取り組むことで，他の子どもたちも毎日の自分のがんばりを確認し，生活のリズムをつかんだり，励みにしたりしていったと思う」と答えていました。

## ❊ 対応例

対象は，小学校4年の学級でした。在籍児童数は，以下のAさん〜Eさんを含めて39名で，担任は教職経験20年の女性教師でした。

Aさん：すべての授業において離席がみられました。着席しているときには，机に落書きをしたり，消しゴムをちぎって級友に向かって投げたりしていました。板書をノートに写したり，プリントに記入したりすることもみられませんでした。

Bさん：授業中，しばしば離席をし，級友に話をしに行きました。着席しているときには，歴史漫画を読んだり，折り紙を折ったりしていました。板書をノートに写したり，プリントに記入したりすることもみられませんでした。

Cさん：授業中離席をし，級友に話しかけたり，廊下に出て本を読んだりすることがありました。着席しているときには，折り紙を折ったり，定規で消しゴムのかすをすりつぶしたりしていました。板書をノートに写すことはありませんでしたが，テストには集中して取り組むことができました。

Dさん：授業中離席はみられませんでしたが，いすを前後に揺すったり，歴史漫画を読んだりしているときがありました。自分の考えを文章で表す課題では，机にうつ伏してしまうことが多くみられました。個別に促されても，板書をノートに写しませんでした。

Eさん：プリントを配られたときや個別に教示を与えられたときに，床に座り込んだり，離席したりしていました。低学年で学習する漢字や拗音の標記に困難がみられました。板書をノートに写すこともみられませんでした。

新学期が始まると，5名の児童がたびたび対人関係上のトラブルを引き起こすため，担任はその対応に多くの時間が必要でした。特に，Aさん・Bさん・Cさんによって授業を中断させられることが多く，授業の成立そのものが困難な状況になってきました。

担任と支援の方針について検討を行ったところ，話を聞くスキルを身に付けることは，5名の児童だけでなく，学級の他の児童にとっても獲得が不十分であるため，ぜひ身に付けさせたい行動であるということでした。そこで，第1の目標を「話を聞く」としました。また，第2の目標として，5人に共通する課題である「ノートに写す・プリントに記入する」を設定しました。

上記の2つの目標を達成するために，クラスワイドな支援から個別支援へというパラダイムに基づき，次のような支援を行いました。

**(1) クラスワイドな支援　I期：「話を聞く」①〈非依存型集団随伴性〉**

目標行動とした「話を聞く」をテーマにしたソーシャルスキルトレーニング（51ページを参照してください）を，学級の全児童を対象に3回行いました。表7は，第2回めの指導略案です。そして，その直後から，「話を聞く」の自己評価カードである「がんばりカード①」（図19を参照してください）を各児童の机上に貼りました。がんばりカード①の評価点に応じてジグソーパズル（児童が好むアニメのキャラクターの線画を分割してあり，4〜6ピースを集めると絵が完成し，ぬり絵になる）のピースを1枚もらえるというルールにしました。

**表7　指導略案：クラスワイドソーシャルスキルトレーニング（CSST）「聞き方名人になろう」**

【ねらい】
1. 話を聞くときに，「やっていることをやめる」「話し手のほうを見る」「最後まで聞く」を心がける。
2. ロールプレイに取り組む。

【対象】4年○組39名　　　【場所】教室

| | 学　習　の　流　れ | 教師の児童への働きかけ | 評　価 |
|---|---|---|---|
| 導入10分 | (1)「そうだね」ゲームをする。　話し手が「これは○○だね」と言ったら，「そうだね」と答える。<br>(2) 前時の振り返り。<br>・聞き方名人になるとよいことは，「話がよく分かる」だけでなく，話し手と「仲良くなれる」。<br>・「やっていることをやめて，話し手のほうを見る」姿勢が大切。 | あらかじめ席を8列にしておく。<br>ペアを指示する。<br>「『そうだね』と答えるときには話し手のほうを見る」「急がずにできるだけたくさん話しかける」「ふざけない」を確認する。<br>前回学んだことを問いかける。<br>文カードを提示して強調する。 | ①次のロールプレイに取り組む際の抵抗感を軽減できたか？<br>②学んだことを覚えていたか？ |
| ロールプレイ15分 | (3) 実際にやってみる。　2人1組で「話し手」と「聞き手」の役割を順番に行う。間違った聞き方（手遊びをしながらうつむいている）と名人の聞き方（手遊びをやめて，話し手のほうを見て，最後まで聞く）の両方を行ったら交代する。 | 次の手順に沿って，一斉に進めるように指示する。<br>①全員が話す内容を考える。思いうかばない児童はプリントを参考にする。<br>②「間違った聞き方」で聞く。話し手を交代する。<br>③「聞き方名人」で聞く。話し手を交代する。 | ③役割を理解して取り組めたか？ |
| 5分 | (4) 感想を書く。 | 感想を書くための視点を提示する。<br>・「話し手」になったときにどう感じたか？<br>・「聞き手」になったときにどう思ったか？<br>・「聞き方」のちがいによって，なにか発見があるか？<br>・これからどのように聞いたらよいと思うか？ | ④聞き方に触れた感想を書けたか？ |
| 10分 | (5) 感想を発表する。 | 引き出したい感想。<br>・名人の聞き方をされたほうが，話していてうれしい。<br>・間違った聞き方だと，何が話されていたかよく理解できない。 | ⑤聞く姿勢に視点をあてた意見であったか？ |
| フィードバック5分 | (6) 教師のまとめを聞く。 | 感想を取り上げる。<br>・話し手のほうを見て，やっていることをやめて，最後まで聞くのが名人である。<br>・話し手を見ることが目で聞くこと，やっていることをやめて聞くことが心で聞くことである。<br>・心で聞くには，別の方法もある。次回は，さらに上級の名人を目指す。 | ⑥学んだ方法で話を聞いていたか？ |

| とてもよくできた：◎　　まあまあできた：○<br>あまりできなかった：△　　できなかった：× | ／月 | ／火 | ／水 | ／木 | ／金 |
|---|---|---|---|---|---|
| 顔を見ながら話を聞く | | | | | |
| やっていることをやめて、話を聞く | | | | | |
| 1日の合計ポイント（◎3点，○2点，△1点，×0点） | | | | | |
| 今週のポイント合計は　　　　点 | | | | | |

**図19　がんばりカード①**

運動会に向けてがんばろう～めざせ金メダル

名前　　　　　　　　　　　　　　　

③よくできた　②だいたいできた　①あまりできなかったけれど次はがんばろう

| | 11 月 | 12 火 | 13 水 | 14 木 | 15 金 |
|---|---|---|---|---|---|
| 話を聞く<br>（やっていることをやめて，顔を見て，最後まで） | | | | | |
| 時間を守る<br>（授業の始まり，運動会練習，給食，掃除，帰りの支度） | | | | | |
| 協力する<br>（掃除，運動会練習，クラスのみんなと） | | | | | |
| 今日何点 | 点 | 点 | 点 | 点 | 点 |
| これまでの合計点　　　　　　先生のサイン | | | | | |

**図20　がんばりカード②**

### (2) クラスワイドな支援　Ⅱ期：「話を聞く」②〈相互依存型集団随伴性〉

　運動会を見据えて，担任と児童が話し合って目標を見直し，新たに2つの目標を加えました（「話を聞く」・「時間を守る」・「協力する」）。また，児童の要望に基づき，「がんばりカード②」（図20を参照してください）を作成しました。そして，運動会までに，児童全員の自己評価の合計点が目標点に到達したら，児童全員が手作りの金メダルをもらえるというルールに改めました。

### (3) クラスワイドな支援　Ⅲ期：「ノートに写す・プリントに記入する」〈非依存型集団随伴性〉

　「話を聞く」という目標が達成されたため，「ノートに写す・プリントに記入する」と

いう目標に移行しました。児童が，板書を写したノートや完成したプリント等を提出した場合に，担任がコメントを記入し，児童が好むシールを1枚与えました。シールは，都道府県シリーズや握りずしシリーズなど，児童が全シリーズを集めたいと思えるものを用意しました。

### (4) 個別支援

Ⅲ期に入って2週間が経過しましたが，Eさんの授業参加行動に改善がみられなかったため，Eさんに対して「取り出し授業」を並行して始めました。特別支援学級の教師が，別室で国語と算数の授業を週に1回ずつ個別に行いました。

上述した支援を行った結果，Ⅲ期においてAさん・Bさん・Cさん・Dさんが高い授業参加率を示し，支援終了後も高水準で維持されました。Eさんは，取り出し授業を開始した直後から授業参加率が上昇し始めました。また，学級全体の話を聞く態度が改善され，支援終了後も維持されました。

---

### 用 語 解 説

#### 知的障害

知的障害については，医学的な立場では「知的能力障害」・「知的発達障害」という用語が使われますが，教育的な立場・福祉的な立場では「知的障害」という用語が使われていますので，本書では知的障害という用語を用います。

医学的な診断基準において知的障害は，①全般的な知的機能の制約と②日常の適応機能の制約によって特徴づけられます。しかも知的機能および適応機能の制約が，③発達期に生じている状態をいいます。

①知的機能：一般的には知能検査によって評価され，IQ得点では70以下であることが1つの目安となります。

②適応機能：臨床評価および標準化された評価尺度（例えば，ヴァインランドⅡなど）によって評価されます。概念的領域（記憶，言語，読字，書字，数学的思考，問題解決，新規場面での判断など），社会的領域（対人的コミュニケーション技能，友人関係を築く能力，社会的な判断など），および実用的領域（セルフケア，金銭管理，行動の自己管理など）の3つの領域における適応能力が重視されています。

③発達期：18歳以下を指します。

福祉的な判断については，「療育手帳制度について(昭和48年9月27日厚生省発児第156号)」に基づいて，児童相談所，または知的障害者厚生施設などにおいて判定がなされます。判定がなされたものについては，療育手帳が交付され，障害福祉サービスを受けることができます（例えば，保育所に入る際に優先順位が高くなる，加配保育士についてもらえるなど）。その際の具体的な判定基準や判定区分，手帳の名称（例えば，「愛の手帳」など）については，交付する自治体によって異なっています。また，定期的に再判定が行われます。

## 26 状況の理解や問題解決ができなくなるとパニックをおこす

何をすればよいのかが分からなかったり，どうすればよいのか迷ったりすると，大声を出したり，泣き叫んだりする子どもがいます。

### ╋ 支援Point▶ ⑲ 機能的アセスメント

「機能的アセスメント」については，78ページを参照してください。

### ✂ 対応例

　まずは，対象となる子どもが大声を出す（あるいは泣き叫ぶ）場面に関して機能的アセスメントを行います。その結果，次のことが明らかになったとします。

〔コミュニケーションスキルが不十分である〕→〈何をすればよいのかが分からない〉→〈大声を出す〉→〈やるべきことを教えてもらえる（困難な状況から逃れられる）〉

　この場合，逃避の機能が推察されます。

　そこで，上記の機能に基づいて，対象となる子どもへの具体的な支援方法について以下のように考えてみました。図21を参照してください。

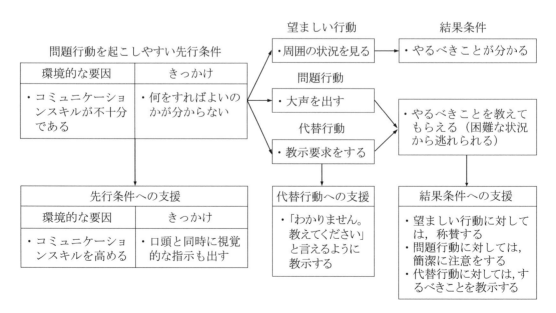

**図21　機能的アセスメントとそれに基づいた支援Ⅲ**

## 27 授業中，同じことを何度も聞く

授業中などに，授業が終わる時刻を何度も聞いてくる子どもがいます。

### ф 支援Point▶ ㉓ 低頻度行動分化強化

30 ページにでも出てきましたが，「分化強化」には，①低頻度行動分化強化，②他行動分化強化，③対立行動分化強化，④代替行動分化強化があります。ここでは，①低頻度行動分化強化を用います。

「低頻度行動分化強化」は，頻繁に起こっていた不適切な行動の生起回数を許容範囲，または望ましい生起回数にまで減少させたいときに用いられます。この場合，強化が与えられるのは，特定の時間内での不適切な行動の生起回数が目標とされた回数以下の場合となります。

例えば，算数の授業中にいつも5回ほどトイレに行く子どもがいたとします。教師が，授業中に1回だけであればトイレに行くことを許容できると考えた場合，まずは授業中にトイレに行く回数は4回以下という目標を設定します。そして，トイレに行く回数が4回以下であった場合に強化を与えます。4回以下という目標を達成できたら，今度は授業中にトイレに行く回数は3回以下という目標を設定します。この目標も達成できたら，次に2回以下という目標を設定し，最終的に授業中にトイレに行くのは1回という目標を設定し，目標を達成できたら強化を与えるようにします。このように目標を順次変更していく場合には，無理のない目標を設定することが重要です。また，トイレに行くたびに，今回が何回めであるかを子どもに告げることも有効です。

低頻度行動分化強化は，不適切な行動を急激に減少させる方法ではありません。したがって，暴力や危険な行動などを早急に減少させたい場合には不向きであるといえるでしょう。

### ✎ 対応例

もし，毎時間，授業が終わる時刻を5回ほど聞いてくる場合には，上述した手続きを用いればよいでしょう。すなわち，質問回数が2回までであれば許容できるのであれば，まずは質問の回数が4回以下であれば応答するという目標を設定し，それが達成できた場合

には3回以下という目標を設定し，それも達成できた場合には2回以下というように順次目標を変更していき，達成できた場合には強化を与えます。この場合，4回以下という目標を設定したにもかかわらず，5回目の質問をしてきた場合には応答する必要はありません。なぜならば，5回目の質問に応答することは，質問行動（不適切な行動）を強化することになるからです。

---

（用語解説）

### 特別支援学校

　学校教育法の改正により，2007年4月1日から従来の「盲学校」「聾学校」「養護学校」は「特別支援学校」に一本化されました。この名称の変更は，各学校間の機能的差異に基づく区分を名目上撤廃するもので，障害の種類によらず一人ひとりの特別な教育的ニーズに応えていく，という特別支援教育の理念に基づいています。

　特別支援学校の目的は，学校教育法第72条に次のように示されています。

【特別支援学校は，視覚障害者，聴覚障害者，知的障害者，肢体不自由者，病弱者（身体的虚弱者を含む）に対して，幼稚園，小学校，中学校，又は高等学校に「準ずる教育」を施すとともに，<u>障害による学習上又は生活上の困難を克服し自立を図るために必要な知識技能を授ける</u>ことを目的とする。】

　この「準ずる教育」とは，幼稚園等と同等の教育を意味しています。また，下線部は，特別支援学校に独自に設けられている領域である「自立活動」を指しています。すなわち，特別支援学校は，幼稚園，小学校，中学校，または高等学校と同等の教育＋自立活動を教授する学校であるといえます。1学級は，小・中学部では6名，高等部は8名で編成されます。また，重複障害のある児童生徒の場合は3名で1学級が編成されます。

　自立活動の目標は，「学習指導要領」に次のように示されています。

【個々の児童又は生徒が「自立」を目指し，障害による学習上又は生活上の困難を主体的に改善・克服するために必要な知識，技能，態度及び習慣を養い，もって心身の調和的発達の基盤を培う。】

　ここでいう「自立」は，児童生徒がそれぞれの障害の状態や発達段階等に応じて，主体的に自己の力を可能な限り発揮し，よりよく生きていこうとすることを意味しています。この自立活動の内容として，①健康の保持，②心理的な安定，③人間関係の形成，④環境の把握，⑤身体の動き，⑥コミュニケーションが示されており，児童生徒の実態に応じて指導内容を精選して設定することになります。

## 28 （ASD児）（換気のために）窓（ドア）を開けておくように言っても閉めてしまう

> 換気のために窓やドアを開けておく必要があるにもかかわらず，窓やドアが開いているとそのことが気にかかり，必ず閉めてしまう子どもがいます。

### ╋ 支援Point ▶ ㉔ 言行一致訓練

　ASD児の特性の１つとして，同一性への固執・習慣へのこだわりがあげられます。例えば，上記のように換気のためにドアや窓を開けているにもかかわらず閉めてしまう，他者が暑いので衣服のボタンを外していると勝手に留めてしまう，バスに乗ると人を押しのけてでも運転席の後ろの座席に座りたがるなどの行動がみられることがあります。ASD児にとっては自分を取り巻く環境がいつも同じであったり，またいつも同じパターンで行動したりすることによって，精神的に安定して過ごすことができると考えられます。ASD児が示すこのようなこだわりに対して，許容できる行動と許容できない行動があります。許容できない行動を改善するためには，「言行一致訓練」を用いることができます。

　言行一致訓練とは，個人の言語行動とその言語の意味する非言語行動（行為）の一致を直接強化することによって，問題となる言語行動を減少させたり，非言語行動を形成したりすることをいいます。つまり，約束を守る行動を確立する指導方法です。

　具体的には，対象児が自分の将来の行動について教師等や保護者に約束（報告）し，その後教師等や保護者がその約束に対応する行動が示されたかどうかを評価し，約束と行動が一致していた場合に強化することになります。

　次に，言行一致訓練を用いた指導事例を紹介します。

　Ｆさんは，中学校特別支援学級の１年生です。Ｆさんには，学校や訪問先等において勝手に「戸棚を開ける」行動が頻繁に見られました。そこで，毎週通っている療育機関の小集団活動において，言行一致訓練を用いた指導が次のような手続きで行われました。

### (1) 約束の手続き（小集団活動の開始時点）

　小集団活動の開始時に，指導者は「Ｆさんが，約束することは何ですか」とＦさんに質問し，Ｆさんが「勝手に戸棚を開けない」と答えられたらそのことを称賛します。もし，正しく答えられなかった場合は，約束文を記したカードをＦさんに提示し，それを読ませます。そして，その約束が守られなかったときは，小集団活動の最後に用意されているおやつがもらえないことをＦさんに伝えます。

### (2) 言行一致・言行不一致に対するフィードバックの手続き（小集団活動中）

　Ｆさんが勝手に戸棚を開けたら，即座に指導者は「戸棚を開けたのでおやつは抜きです」と１回だけ言います。もし，Ｆさんが「今度からしません」と言っても，それには応じないようにします。

### (3) 結果の手続き（おやつの直前の時点）

　おやつの直前に，指導者は「約束していたことは何ですか」とＦさんに尋ねます。Ｆさんが正しく答えられたらそのことを称賛します。次に指導者は，約束が守られたか否かをＦさんに尋ねます（言行一致に関して自己評価をさせます）。Ｆさんの自己評価が正しければそのことを称賛し，間違っていた場合は訂正をさせます。そして約束が守られた（言行一致の）場合は，おやつを食べることを許可します。約束が守られなかった（言行不一致の）場合は，おやつがもらえないことを伝え，おやつの時間の間（約５分間）部屋の隅にあるソファに座って待機する（これを「タイムアウト」といいます）ようにＦさんに伝えます。

　このような指導を行った結果，Ｆさんの勝手に「戸棚を開ける」行動が減少しました。

　なお，言行一致訓練には，次のような課題が指摘されています。①言行一致訓練は，ある程度の指導期間を必要とするため，緊急に介入することが求められる他害や自傷などの行動を改善することには適さない。②言行一致訓練を実施するためには，対象児にある程度の言語行動を表出したり，受容したりする能力が備わっている必要がある。③言行一致訓練では，言語行動と非言語行動の一致を正確に記録しなければならないため，標的行動となる非言語行動の正確な定義と測定が必要となる。


## ※ 対応例

　窓やドアが開いていることが気にかかり，窓やドアが開いていると必ず閉めてしまう子どもには，上記の指導事例を参考にすることができます。「戸棚を開ける」を「窓やドアを閉める」に置きかえてください。学校等において，おやつの時間を設定することが難しい場合は，授業等の最後に「お楽しみタイム」を設け，音楽を聴く，動画を見るなどその子どもの好きな活動を５分間できるというようにすればよいでしょう。また，お楽しみタイムを設けることが時間的に難しい場合は，トークンエコノミー法（72 ページを参照してください）を用い，約束が守られた場合にシールやスタンプを与え，それが一定量溜まったときにバックアップ強化子と交換できるという手続きでもよいでしょう。

## 29　廊下ですれ違いざまに相手をぶつ（相手のめがねをとる）

> 知的障害のある子どもの中には，廊下などで人とすれ違いざまに相手をぶったり，相手の眼鏡をとったりする子どもがいます。

### 🕂 支援Point　㉕ 対立行動分化強化

　30 ページでも出てきましたが，「分化強化」には，①低頻度行動分化強化，②他行動分化強化，③対立行動分化強化，④代替行動分化強化があります。ここでは，③対立行動分化強化を用います。

　「対立行動分化強化」とは，減少させようとする不適切な行動と同時に行うことが不可能な適切な行動を選び，その適切な行動を強化することによって，不適切な行動を起こせなくする方法をいいます。例えば，離席行動を減少させようとする場合，着席行動が強化されます。なぜならば，離席と着席は同時にできないからです。適切な行動が，不適切な行動を起こすことを物理的に不可能にするように相互に排他的な行動が選ばれます。

　小学校特別支援学級に在籍する 2 年生の男児（知的障害を伴う ASD 児）には，階段を昇降したり，廊下を歩いたりするときに，すれ違う児童の有無にかかわらず唾吐きがみられました。そこで，移動中は担任等が「1・2，1・2」のかけ声をかけ，これをこの男児に模倣させるようにしたところ，唾吐きがほとんどみられなくなりました。この要因として，唾吐きと掛け声の模倣は同時に行うことが不可能な行動であり，しかもかけ声の模倣だけを強化したことが考えられます。

### ✎ 対応例

　授業等で教室移動をする場合に，子どもに「荷物運びのお手伝いをしてほしい」と依頼し，大きめのかごなどに入った教材・教具を両手で持って運んでもらうことなどが考えられます。この場合，両手を使わないとかごを持てないため，移動の途中で片手を離す（相手をぶつ，相手の眼鏡を取る）ということができなくなります。そして，移動先に着いたら手伝いをしてくれたことを強化します。

## 30 （ASD 児）課題や作業的な活動に最後まで取り組むことができない

> 課題や作業的な活動に最後まで取り組むことができず，途中で投げだしたり，勝手な
> ことをやりだしたりする子どもがいます。

### ◆ 支援Point ㉖ TEACCH プログラムの構造化

　ASD や知的障害のある子どもに，生活や学習の場の意味を理解させ，今，自分に何が
期待されているのかを分かりやすく提示するために，生活や学習にかかわる環境やスケジ
ュールを「構造化」する方法がさまざまな場面で用いられています。すなわち，構造化と
は，ASD 児等に周囲で何が起こっているのか，そして彼ら一人ひとりの機能に合わせて
何をすればよいのかを分かりやすく提示する方法であるといえます。

　この構造化は，TEACCH（Treatment and Education of Autistic and related
Communication handicapped CHildren；自閉症および関連領域のコミュニケーショ
ン障害児の治療と教育）プログラムの中核をなす概念です。TEACCH プログラムは，
1972 年以降アメリカのノースカロライナ州において，ASD 児者を幼児期から成人期まで
一貫性をもって系統的・包括的に支援するための全州規模の治療教育プログラムとして位
置づけられています。

　さて，構造化には，(1) 物理的構造化，(2) スケジュールの構造化，(3) ワークシステ
ム，(4) タスクオーガナイゼーションの 4 つの方策があります。以下，順に説明をしてい
きます。

#### (1) 物理的構造化

　保育室や教室の内部を家具，つい立て，色違いのカーペットなどの配置を工夫して，子
どもに各場所や場面の意味を視覚的に理解しやすくすることをいいます。つまり，それ
ぞれの場所と活動とを一対一対応させ，1 つの場所を多目的に用いないようにすることで，
子どもはそれぞれの場所や場面で何をすればよいのかが視覚的に理解しやすくなります。
図 22 を参照してください。小学校低学年の教室です。棚やつい立てで教室内が仕切られ，
場所と活動が一対一対応しています。

　もし，教室のスペースの都合で，同一の場所を多目的に使用しなければならないときに
は，机やいすの配置を変えたり，可動式のつい立てを利用したり，テーブルクロスをかけ
替えたりして，その場所や場面に新たな意味を付け加えるようにします。

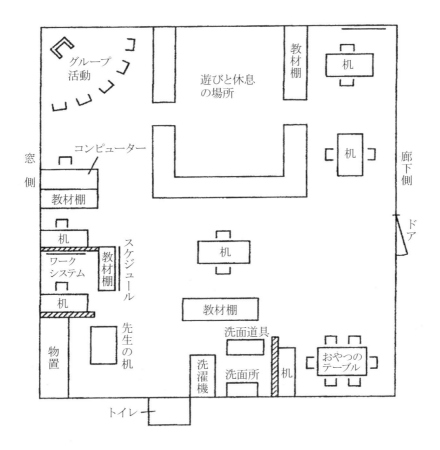

**図22　小学校低学年の教室・物理的構造化見取図**

### (2) スケジュールの構造化

　その日１日どんな活動や課題があって，それらがどんな順序になっているかを，一人ひとりの機能や能力に合わせて理解できるように，文字，写真カード，絵カード，実物などを用いて視覚的に提示することをいいます。知的障害のある子どもにとっては，不必要な刺激を排除できるため，写真カードよりも絵カードのほうが理解しやすいと考えられます。図23を参照してください。

　具体的には，中継地（それぞれの子どものスケジュールが提示されている場所）に，１日の活動や課題をそれぞれの絵（あるいは絵と文字）で示したカード（スケジュールカード）を用意し，スケジュールが進行する順に上から下に，あるいは左から右に並べてクリップで留めておきます。

　子どもは，スケジュールカードの一番上（あるいは左端）の１枚を手に取って確認し，次の活動や課題の場所に移動します。活動や課題を行う場所の机上等に，スケジュールカードと同じ絵のカードを貼付しておき，持っているカードとマッチングできるようにして

おくと，子どもは安心して活動や課題に取りかかること
ができます。活動や課題が終わると，子どもは再び中継
地にやってきて，スケジュールカードで次の活動や課題
を確認し，カードを持って次の活動や課題の場所に移動
します。これを繰り返します。

(3) ワークシステム

ワークシステムとは，子どもに，ワークエリア（学習
や作業などの課題に取り組むための場所）で，①どんな
課題をするのか，②どのくらいの時間あるいは量の課題
をするのか，③その課題はいつ終わるのか，④終わった
後は何をするのか，ということを知らせるための方法で
す。子ども1人ひとりに個別化したワークシステムを工
夫して用いる目的は，子どもが教師の指示や見守りがな
くても，安定して1人で課題に取り組めるようにするこ
とにあります。

**図23　スケジュールカード**

ワークシステムでは，教材は，前もって課題を行うための机上の左側の箱に用意されて
おり，子どもは課題を終えると，机上の右側にある箱に成果物や完成品を入れます。どれ
くらいの種類と量をやらなければいけないかは，左側の箱にある教材や材料を見れば理解
できます。したがって，子どもは，左側の箱が空になり，右側の箱が成果物や完成品でい
っぱいになると課題が終了するということを視覚的に確認できます。

また，絵や数字やアルファベットを用いる方法もあります。図24を参照してください。
教室の特定の場所やワークエリアの自分の棚などに用意されている教材の中から，子ども
が自分のなすべき課題を適切に持って来て自分の机にセットし，自発的にその課題に取り
組むことができることを目指します。具体的には，ワークエリア内の子どもが見やすい場
所（壁など）に，1・2・3（あるいはA・B・C）と書かれた3枚のカードを，クリップ付
きの台紙に取り外しが自由にできるようにして挟んでおきます。3枚のカードの並べ方は，
上から下，あるいは左から右の順とします。子どもは，数字の書かれたカードを順番どお
りに取り，それと同じ数字が書かれたカードが貼付されている教材箱を探します。教材箱
の数字カードのすぐ隣には封筒状のポケットを付けておき，手元のカードと数字カードの
照合をしてからポケットにカードを入れます。それから教材箱を自分の机に運んで，その
課題に取り組みます。1のカードの課題が終わったら，2のカードを台紙から外し，同じ
数字カードのついた教材箱を持って来て次の課題に取り組みます。3のカードの課題も同
様の手順で行います。

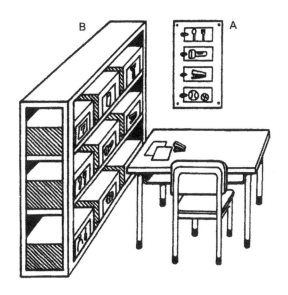

**図24　絵によるワークシステムの例**

　Aは，この時間，スプーンとフォークのパッキング，懐中電灯の組み立て，2枚のカードを
ホッチキスで留める，という3つの作業をすること，そして3つの作業が終了したら，好きな
ボールで遊んでよいことを示している。

　Bは，教材棚で，1つの作業に必要な材料が，それぞれの箱に用意され，Aと同じ絵によって，
材料の中身がラベルされている（中段）。

　さらに，図24のAの4枚めの絵カードは，3種類の作業が終了したら，好きなボール
で遊んでよいことを示しています。このように作業課題のカードのほかに，強化が与えら
れることを意味するカードを最後に提示することで，子どもの課題への動機づけが高まり
ます。

**（4）タスクオーガナイゼーション**

　1つひとつの課題のやり方を子どもに分かりやすく提示する方法です。視覚的な手がか
りを創意工夫して与え，子どもが自主的に課題を行うことができるようにします。

　その際に，次の①一対一の対応，②左から右の系列，③ジグ（jig）の利用，④完成品
の提示という方法が有効です。図25を参照してください。

　①一対一の対応：一対一の対応ができれば，「同じ」という概念や「数」の概念を未習
得であっても，同じものを合わせたり，数を数えたりするのと同等の活動が可能になりま
す。例えば，ボールペンを10本ずつ箱詰めにする場合，10本を数えることができなくても，
厚紙を細かく折り畳んで蛇腹状態にし，谷を10筋作ります。そして，その谷の部分にボー
ルペンを並べていくと最終的に10本並ぶことになり，数概念がなくても10本ずつ箱詰
めにすることができます。

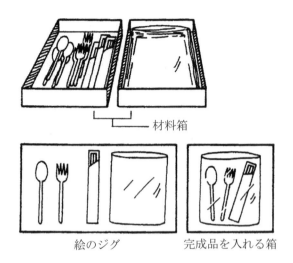

材料箱

絵のジグ　　　　　　　完成品を入れる箱

**図25　描かれたジグによる，スプーン，フォーク，割りばしのパッキング作業の例**

　②左から右の系列：ワークシステムなどと同様に，作業をいつも左から右に進めていくことを習慣にしておくことで，作業の手順を覚えられなくても1人で実行できるようになります。

　③ジグの利用：子どもが作業の手順を理解しやすくするために，視覚的な手がかりによって工夫された補助教材をジグといいます。絵・図・写真などが，単独，あるいは組み合わせて用いられます。図25では，絵のジグの上にスプーン・フォーク・割りばし，ビニール袋を1つずつ載せていき（一対一対応させ），スプーン等をビニール袋に入れれば，確実に作業を行うことができます。ジグは作業的な課題ばかりではなく，洗顔，着脱衣などの基本的生活習慣の習得においても活用することができます。

　④完成品の提示：例えばボールペンの組み立て作業を行う場合に，子どもに，最初から完成品を見せてそれと同じ物を作ったり，同じ完成への過程をたどったりするように求めます。

## ∿ 対応例

　上述した構造化の方策を取り入れることによって，子どもは園・学校での生活やさまざまな活動に見通しをもって，安定した状態で，自主的に，しかも最後まで取り組むことができるようになると考えられます。生活や学習にかかわる環境やスケジュールを構造化することは，ASDや知的障害のある子どもばかりでなく，すべての子どもにとって有効な支援方法であるといえます。

## 31　学習課題で間違いが続くとやめてしまう

学習課題において間違いが続くと途中で投げ出したり，また新しいことに挑戦しなくなったりする子どもがいます。

### ⊕ 支援Point　㉗ 無誤学習（エラーレスラーニング）

「無誤学習（エラーレスラーニング）」の考え方を用いることができます。子どもは間違いが続くと学習意欲が低下したり，新しいことをやってみようという意欲がうせたりすることがあります。したがって，新しいことを学習する場合や学習の初期の段階では，できるだけ誤りや失敗をさせないで学習を進めていく必要があります。誤りや失敗をさせることなく学習を進めていく方法を無誤学習といいます。

無誤学習は，次のような手順で進めていきます。

(1) 指導課題をいくつかのステップに分け，易しいステップから難しいステップへと並べます。

(2) その一連のステップの中で，その子どもがどのステップまでできるかを明らかにします（7ページに出てきた「ベースライン」を取ります）。

(3) できるステップの次のステップから指導を始める場合，十分な「プロンプト」（17ページを参照してください）を与え，そのプロンプトのもとで確実にそのステップを遂行できるようにします。

(4) プロンプトは徐々に減らしていきます。これを「プロンプトフェイディング」といいます（17ページを参照してください）。プロンプトフェイディングをした場合でもステップが確実に遂行されるようにします。もし，ステップの遂行が難しかった場合は，減らす前のプロンプトを与えてステップを確実に遂行できるようにしてから，再度プロンプトフェイディングをしていきます。

(5) 最終的に，プロンプトがなくとも課題のすべてのステップを安定して遂行できるようにします。

ここで，無誤学習を用いて4ピースのジグソーパズルの指導をする場面を例として取り上げてみましょう。

①パズルを3ピースまではめ合わせた状態にする。指導者が，残りの1ピースをあてはめることをモデリングする（52ページを参照してください）。

106

②上記の状態で，指導者が，上下が反対にならないように残りの1ピースを子どもに提示し，あてはめさせる。

③上記の状態で，指導者が，上下が反対になった残りの1ピースを子どもに提示し，あてはめさせる。

④パズルを2ピースまではめ合わせた状態にする。指導者が，残りの2ピースをあてはめることをモデリングする。

⑤上記の状態で，指導者が，上下が反対にならないように残りの2ピースを子どもに提示し，あてはめさせる。

⑥上記の状態で，指導者が，上下が反対になった残りの2ピースを子どもに提示し，あてはめさせる。

⑦パズルを1ピースだけはめ合わせた状態にする。指導者が，残りの3ピースをあてはめることをモデリングする。

⑧上記の状態で，指導者が，上下が反対にならないように残りの3ピースを子どもに提示し，あてはめさせる。

⑨上記の状態で，指導者が，上下が反対になった残りの3ピースを子どもに提示し，あてはめさせる。

⑩指導者が，上下が反対にならないように4ピースを子どもに提示し，あてはめさせる。

⑪指導者が，上下が反対になった4ピースを子どもに提示し，あてはめさせる。


## ✎ 対応例

　太郎が，自分の名前の弁別（識別）課題において誤答が続いた結果，課題に取り組むことを拒むようになってしまった例で考えてみましょう。この場合，上記のプロンプトフェイディングを用います。

　まず，黒いカードに白い文字で「はなこ」と書き，淡い灰色の紙に白い文字で「たろう」と書きます。そして，太郎に2枚のカードを提示し，「たろうはどっち?」と教示を与え，たろうと書かれたカードを選択できたら強化をし，確実に「たろう」と書かれたカードを選択できるようにします。次に，「たろう」と書かれたカードの色を段階的に濃くしていき（黒に近づけていき），最終的に両方共に黒地に白い文字で名前が書かれたカードにしていきます。それでも，「たろう」と書かれたカードを正確に選択できるようになったら，「はなこ」と書かれたカードを別の名前のカードに換えたり，たぬき等「た」で始まる単語に換えたりして課題の難易度を上げていきます。

## 32　数唱と数字のマッチングはできるが，数字と具体物のマッチングができない

見本合わせ課題で，数唱「さん / san」と数字「3」のマッチングができるが，数唱と半具体物（|●●●|）のマッチングができない子どもがいます。

### 🌱 支援Point▶ ㉘ 刺激等価性

　例えば，「リンゴ / ringo」という音声（見本刺激）に対して，みかんの絵とリンゴの絵が選択肢（比較刺激）として提示される弁別課題を見本合わせ課題といいます。この見本合わせ課題において，直接指導していない刺激どうしの見本合わせが派生的に成立することがあります。これを「刺激等価性」といいます。

　刺激等価性には，以下の4つの刺激間関係があります。図26を参照してください。図26では，「音声」と「絵」と「ひらがな」の刺激間関係について説明しています。

　①反射性：直接指導されていない同一見本合わせ（同じ刺激どうしの見本合わせ）が成

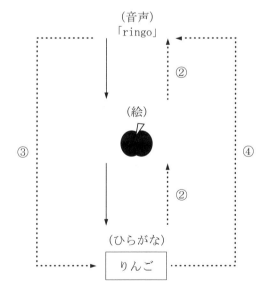

**図26　刺激等価性の刺激間関係**

・実線は直接指導する関係を示します。
・点線はテストする関係を示します。
・矢印は，見本合わせ課題における見本刺激から比較刺激の方向を示します。
・②は対称性を，③は推移性を，④は等価性を示します。

立することをいいます（「a ならば a」の指導の後に「b ならば b」が成立する）。

②対称性：指導における見本刺激と比較刺激の役割を換えた見本合わせが、直接指導しなくても成立することをいいます（「a ならば b」の指導の後に「b ならば a」が成立する）。

③推移性：2 つの見本合わせの指導をした後に、直接指導していない刺激どうしの見合わせが成立することをいいます（「a ならば b」、「b ならば c」の指導の後に「a ならば c」が成立する）。

④等価性：2 つの見本合わせの指導をした後に、直接指導していない刺激どうしの見本合わせが成立することをいいますが、等価性は対称性と推移性の両方の要素を含みます（「a ならば b」、「b ならば c」の指導の後に「c ならば a」が成立する）。

上記の 4 つの刺激間関係をすべて満たしたときに、見本合わせの対象となった刺激間の等価関係が成立したといえます。

刺激等価性に基づく指導は、すべての刺激間関係を指導する必要がない点で、また指導目標とされる関係の成立に必要な指導内容をアセスメントしながら指導を進めることができる点で効率的であるといえます。

## ✂ 対応例

見本合わせ課題で、数唱「さん /san」と数字「3」のマッチングができるが、数唱と半具体物（ ●●● ）のマッチングができない場合には、上述した刺激等価性の手続きを適用すればよいでしょう。次の 3 とおりの指導方法が考えられます。図 27 を参照してください。

①対称性

半具体物を見本刺激、数唱を比較刺激とし、半具体物→数唱の刺激間関係が成立すれば、数唱→半具体物の対称性の成立が期待できます。

②推移性

数唱→数字の刺激間関係がすでに成立しているので、数字を見本刺激、半具体物を比較刺激とし、数字→半具体物の刺激間関係が成立すれば、数唱→半具体物の推移性の成立が期待できます。

③等価性

まず、半具体物を見本刺激、数字を比較刺激とし、半具体物→数字の刺激間関係を成立させます。次に、数字を見本刺激、数唱を比較刺激とし、数字→数唱の刺激間関係を成立させます。その結果、数唱→半具体物の等価性の成立が期待できます。

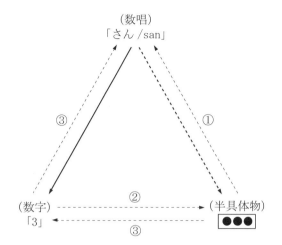

**図 27　数唱と半具体物の関係成立のための指導**

・太い実線の矢印はすでに成立している関係を示します。
・太い点線の矢印は指導目標とする関係を示します。
・細い点線は直接指導する関係を示します。
・矢印は，見本合わせ課題における見本刺激から比較刺激の方向を示します。
・①は対称性を，②は推移性を，③は等価性を示します。

## 33 縄跳びができない

> 手と足の協調性にぎこちなさがあるため，一定の年齢になっても縄跳びのできない子どもがいます。

中 支援Point ① 課題分析 → 連鎖化

　新しい行動を形成するときには，「課題分析」と「連鎖化」（10 ページを参照してください）を用います。

　まず，縄跳びを課題分析すると，

　①ほぼ両足をそろえて立つ。

　②両肘を脇腹につけ，両手で縄を持つ。

　③縄を後方から前方に向けて回す。

　④（縄が足下にきたら）両足で跳ぶ。

　⑤ ③と④を繰り返す。

となります。

　続いて指導プログラムを作ります。その際に，課題分析の結果に基づいて連鎖化を行います。縄跳びの指導プログラムを逆行性連鎖化で作ることは困難なので，順行性連鎖化で作ります。また，上記の課題分析の①であれば子どもは難なくできますから，実際には指導プログラムを②から作っていけばよいでしょう。

　課題分析の結果に基づいて，順行性連鎖化で指導プログラムを作ると次のようになります。指導上のポイントは，脇を締めて縄を回すこととそのときに縄がしらないようにすることです。

**(1) 教具**

①長さ約 50 ㎝の厚紙製の筒（10㎝ 刻みに印をつける）2 本

②（目立つ色の）ビニールテープ

③長めの縄（縄の中央部に上記のビニールテープで印をつける）

④縄跳び用の縄

**(2) 指導プログラム**

①子どもに脇を締めることを視覚的に理解させるために，子どもの両肘と両脇腹にビニールテープで印をつけ，印どうしを合わせる。

②（①の状態で,）子どもの両手に筒を持たせ, 2 本同時に回転させる。

③縄をしならなくするために筒を縄の両端に取り付け, 子どもの利き手に一方の筒を持
　　たせ, もう一方を指導者が持ち, 2 人で腕を組んで合図とともに後方にある縄を前方
　　に向けて回す。

④（③の状態で,）足下にきた縄の印を跳び越える。

⑤子どもが 1 人で, 筒付きの縄を用いて縄跳びをする（この場合, 縄のベストの長さは,
　　「縄跳びの縄の真ん中を両足で踏み, 両肘を 90°に曲げた状態で手首を曲げずに
　　左右に開いた状態の長さ」といわれています）。

＊以下, 子どもの状態を見ながら肘と脇腹のビニールテープを適宜除去していく。

⑥縄の筒の長さを 4/5（40cm）にして, 縄跳びをする。

⑦縄の筒の長さを 3/5（30cm）にして, 縄跳びをする。

⑧縄の筒の長さを 2/5（20cm）にして, 縄跳びをする。

⑨縄の筒の長さを 1/5（10cm）にして, 縄跳びをする。

⑩通常の縄跳び用の縄で, 縄跳びをする。

　筒の長さを段階的に短くしていくことによって, 子どもは縄跳びの上達の進度を視覚的
に確認することができます。また, このことによって縄跳びの練習に意欲的に取り組むこ
とが可能になります。

　なお, 縄が足下にきたら跳ぶタイミングを体感するために, 縄跳びの指導に入る前に,
大縄跳びやフープ跳びの指導を行うことも有効です。


## ✎ 対応例

　上記のプログラムを用いて指導を行うことによって, ASD のある子どもも縄跳びがで
きるようになると考えられます。また, 跳べた回数を表やグラフによって視覚的に提示す
ること, 子どもと話し合って目標を設定し, 目標を達成できたら強化子を与えることなど
を取り入れることによって, 子どもは楽しみながら縄跳びの練習に取り組むことができる
でしょう。

## 34 忘れ物が多い

自分なりに忘れ物をしないように心がけているにもかかわらず，教科書・ノート・宿題・提出物などをしょっちゅう忘れてしまう子どもがいます。

↳ **支援Point** ㉙ 自己記録法 → 自己評価 → 自己強化

「自己記録法」を用いることができます。自己記録法とは，子どもが自分自身の行動を自分で記録する方法をいいます。自己記録法では，①目標の設定，②データの自己記録，③自己強化の3つの要素が重要です。それぞれについて以下に説明します。

**(1) 目標の設定**

目標を設定するときには，教師や保護者が設定した目標を子どもに与えるよりも，子ども自身に目標を設定させたほうがよりよく遂行されます。その際に，子どもがチャレンジできるもので，達成可能な目標を設定するように支援します。また，最初の段階では，子どもにすぐに達成できるような目標を設定させ，目標が達成できたかどうかをフィードバックすることも有効です。

**(2) データの自己記録**

自己記録のデータは，子ども自身や教師・保護者にとって行動に関する正確なフィードバックになります。場合によっては，自己記録をつけるだけで行動が望ましい方向に変容することがあります。これを「反応効果」といいます。例えば，ノートに使ったお金をすべて書き留めることで小遣いや生活費の管理をする小遣い帳や家計簿がそれにあたります。小遣い帳や家計簿をつけることで，無駄な出費を省くことができます。自己記録をつけるだけで行動が変容する理由として，子どもが毎日目標を達成したことを記録することによって，自分自身に頑張ったと言い聞かせて強化につながるからであると考えられます。

また，自己記録には次の要素が含まれている必要があります。①標的行動（目標）を観察可能で，測定可能なことばで設定する，②適切な記録法を採用する（グラフや表に記入するなど），③記録法の使い方を子どもにきちんと説明する，④指導者が，少なくとも1回は記録用紙をチェックする，⑤自己記録の自主性を子どもに委ねる。

自己記録の手続きに関して子どもが正確に記録しているかどうかが問題になります。子どもの自己記録の正確さは行動の変容にほとんど影響を及ぼさないと考えられています（記録の正確さが向上しても，必ずしも行動の改善につながらないようです）が，他の子

どもの記録と突き合わさせるととても正確になるといわれています。

### (3) 自己強化

　自己記録は，開始当初は行動を変容させるかもしれませんが，自己強化などの自己管理手続きで支援されないと，時間とともに効果が薄れていくことがあります。

　したがって，目標を達成したらどのような強化子が得られるのかを明確にします。これを「随伴性」といいます。随伴性は，「もし〜ならば，○○できるだろう（もし算数のテストで学級の平均点が 80 点以上ならば，その日の算数の宿題はなしにします）」というように表現することができます。この随伴性を決める場に子どもを参加させると，子どもはその手続きに真剣にかかわり，ひいては行動の自己管理の方法を身に付けるようになります。この子どもが自己決定した随伴性は，教師が決定した随伴性よりも効果的な場合があります。

　また，「トークンエコノミー法」（72 ページを参照してください）を用い，一定のポイントやシールを蓄積すると，子どもにとって好みのバックアップ強化子を獲得できるようにすることで，目標達成に向けた動機づけがよりいっそう高まると考えられます。

　次に，家庭において身の回りのことを自立的に行うことが難しい子どものために作成した「家庭での自己記録チェックリスト」の例を紹介します。

```
　　　　　　　　　　　　　　　　月　　日　（　　）曜日
　　　　　　　できたかな？

　　①ふとんを上げる　　　　　　　　　　　　　　（　　）
　　②はをみがく（朝）　　　　　　　　（　　）
　　③顔を洗う　　　　　　　　　　　　　　　　　（　　）
　　④かみをとかす　　　　　　　　　　　　　　　（　　）
　　⑤よごれた服・くつ下を洗たくかごに入れる　　（　　）
　　⑥ふろに入る　　　　　　　　　　　　　　　　（　　）
　　⑦はをみがく（夜）　　　　　　　　（　　）


　　・できたら（　　）に○をつけよう
　　・1 週間で○が 40 こたまると，ゲームを 30 分できるよ

　　　　　　　　　　　これまでにたまった○の数（　　　）こ
```

**図 28　「家庭での自己記録チェックリスト」の例**

## ✎ 対応例

　子どもなりに忘れ物をしないように心がけていても，教科書・ノート・宿題・提出物などをしょっちゅう忘れてしまう場合には，上述した内容を参考にして「持ち物チェックリスト」を作成することが考えられます。その際に，①どのような持ち物をチェックの対象とするか，②どのようなチェックリストを用いるか，③記録法をどうするか，④持ち物のチェックをいつ行うか（夕食後あるいは寝る前など），⑤強化子（バックアップ強化子）をどうするか，⑥強化子（バックアップ強化子）獲得の基準をどうするかなどについて子どもと保護者で話しあって決定します。そして，週末に，子どもと保護者で獲得した強化子の数（量）とバックアップ強化子獲得の基準に達したかどうかを確認し，達成基準を満たしていた場合には，賞賛し，バックアップ強化子を与えます。

---

　用 語 解 説

### 特別支援学級

　特別支援学級については，次の学校教育法81条に規定があります。

【①幼稚園，小学校，中学校，高等学校及び中等教育学校においては，次項各号のいずれかに該当する幼児，児童及び生徒その他教育上特別の支援を必要とする幼児，児童及び生徒に対し，文部科学大臣の定めるところにより，障害による学習上又は生活上の困難を克服するための教育を行うものとする。

　②小学校，中学校，高等学校及び中等教育学校には，次の各号のいずれかに該当する児童及び生徒のために，特別支援学級を置くことができる。1 知的障害者，2 肢体不自由者，3 身体虚弱者，4 弱視者，5 難聴者，6 その他の障害のある者で，特別支援学級において教育を行うことが適当なもの】

　①では，「特別支援教育は，従来の障害のある幼児児童生徒は言うに及ばず，発達障害児も含めた教育上特別の支援を必要とする幼児児童生徒が在籍するすべての学校において実施されるものである」という特別支援教育の理念が示されています。

　②では，高等学校や中等教育学校（後期課程）にも特別支援学級を設置することができるとありますが，義務教育ではない，入学試験などによる選抜制であるなどの理由から実際に設置されている例は見受けられません。「6 その他の障害のある者」とは，言語障害者，情緒障害者，自閉症（ASD）者を指します。小・中学校ともに1学級は児童生徒8名で編成されます。なお，障害種別に編成されるため，例えば，知的障害児が8名の場合は1学級となりますが，知的障害児が1名，肢体不自由児が1名の場合は2学級となります。

## 35 宿題を提出しない

> 毎日出される宿題をやらない，あるいは宿題をやっても提出しない子どもがいます。

### ╇ 支援Point ▶ ㉚ レスポンスコスト

「レスポンスコスト」を用いることができます。この方法は，行動が生起した直後に強化子を除去することによって，その行動の生起率を減少させることをいいます。手続きとしては，望ましくない行動が生起した場合に，一定量の強化子を取り去ることになります。レスポンスコストは，私たちの日常生活の中でも用いられています。車を運転していて，制限速度を超えたり，駐車違反をしたりすると反則金（お金は，一般的には私たちが労働によって得た強化子です）を支払わなければなりません。それが，この方法にあたります。レスポンスコストは，5ページで説明した「負の罰」と同じ考え方です。

例えば，算数の計算問題に取り組む場合，前もって30ポイントを与えておき，子どもが1問間違えるごとに1ポイントが消失します。そして，週末に残ったポイント数に応じて（1ポイントにつき1分間など），家庭でゲームができる時間が加算されることなどが考えられます。

レスポンスコストは，72ページで取りあげた「トークンエコノミー法」としばしば組み合わせて用いられ，効果を発揮しています。上記の例にあてはめますと，算数の計算問題に取り組む際に，あらかじめ一定のポイント数を与えておき，1問正答すると1ポイントを獲得でき，逆に1問誤答すると1ポイントを消失するというルールを決めます。その結果，週末に獲得したポイント数に応じて家庭でゲームができる時間が加算されるということになります。

この方法を適用する際には，次の3点に留意する必要があります。1点めとして，不適切な行動とその行動を示したときに除去される強化子の内容について十分に子どもに理解をさせる必要があります。こうすることによって，子どもが不適切な行動を示した場合に，繰り返し手続きについて説明する必要がなくなります。2点めとして，一度与えた強化子はいつでも除去することが可能でなければなりません。強化子がシールやスタンプの場合，除去することが困難であったり，子どもが返そうとしなかったりするかもしれません。上記のように強化子がポイント制であれば，物理的に強化子を除去することが可能になります。3点めとして，一度に除去される強化子の程度（量）にも配慮する必要があります。

一度不適切な行動を示しただけで，これまでに獲得した強化子のほとんどが除去されてしまうと，子どもはこの手続きに基づいて行動しようとする意欲がうせてしまうでしょう。

## ✎ 対応例

　宿題を提出しない子どもに対しては，上述したレスポンスコストとトークンエコノミー法を組み合わせた手続きを用いればよいでしょう。

　まず，宿題に取り組むことは，その日に学習したことを定着させるために大切なことであることを，子どもに説明します。そして，「宿題を提出する」ことを標的行動とすることを確認します。

　次に，最初は 10 ポイントをもっている，宿題を提出した場合は 2 ポイント（一部提出した場合は 1 ポイント）を獲得できる，宿題を提出しなかった場合は 2 ポイント（一部提出しなかった場合は 1 ポイント）を消失する，週末に獲得したポイント数に応じて家庭でゲームができる時間が加算される（1 ポイントにつき 1 分間とすると，週あたり最長で 20 分間の加算）という手続きについて説明をし，子どもから了解を得ます。これらのことについては，事前に保護者の承諾を得ておきます。また，日にちとその日に獲得したポイント数・累積ポイント数と保護者のサインを書き込む空欄からなる記録カード（「宿題がんばりカード」など）を用意します。毎日帰りの会の後に子どもとその日の宿題の提出状況について確認をし，記録カードに獲得したポイント数・累積ポイント数を記入します。さらに，宿題をやってくるように奨励します。

　そして，週末に，子どもは記録カードを家庭に持ち帰り，それに保護者からサインをもらい，月曜日に提出します。

## 36　幼児・児童を褒めたいが，褒める材料が見つからない

> 保育士・教師や保護者から常々子どもを褒めようと心がけているが，特に不適切な行動を示す子どもの場合，褒めるための材料がなかなか見つからない，という声を聞きます。

### ╀ 支援Point　㉛ 他行動分化強化

　30ページでも出てきましたが，「分化強化」には，①低頻度行動分化強化，②他行動分化強化，③対立行動分化強化，④代替行動分化強化があります。ここでは，②他行動分化強化を用います。

　「他行動分化強化」とは，ある不適切な行動が一定の期間（時間）みられなかったときに強化が与えられることをいいます。

　例えば，授業中などに発言の機会を求めて「はい」を連呼する子どもがいたとします。そこで，ある授業中，その子どもに「はい」の連呼が一度もみられなかったときに，教師は強化します。この手続きでは，一定の時間において不適切な行動がまったくみられなかったときにだけ強化を与えることになります。しかしながら，最初から45分間に「はい」の連呼が一度もみられなかったときにだけ強化を与えるという基準を設けると，子どもは強化される機会をなかなか得られないかもしれません。そこで，45分間の授業時間を5分ずつに区切り，各区切りで「はい」の連呼がみられなかった場合に，その区切りの終了時点で強化が与えられるという手続きを用いることもできます。そして，強化を得られる機会を増大させると同時に，各区切りの時間を10分，15分と徐々に長くしていき，最終的に45分にまで延ばしていきます。

### ⌖ 対応例

　上述した「はい」を連呼する，挙手をしないで大声で発言する，奇声を発する，大きな物音を立てる，ノートや教科書に落書きをする，プリントを破る，離席する等の不適切な行動が，授業中に（一定の時間内に）一度もみられなかった場合に，授業の最後に（一定の時間経過後に），教師が強化を与えることなどが考えられます。

## 37　褒めるだけでは効果がみられない

> 子どもの中には褒められるだけでは効果がみられず，適切な行動の獲得に時間がかかる子どもがいます。

### 中 支援Point▶　㉜ 対提示

　ここでは，「対提示」を用います。対提示は，一次性強化子と二次性強化子を組み合わせて使うことをいいます。

　一次性強化子とは，食べ物，飲み物，睡眠など生物学的に不可欠の刺激のことをいいます。それらは私たちが生き続けていくうえで必要なので，生得的に動機づけられていると考えられます。それゆえに，一次性強化子は「生得性強化子」とも呼ばれます。

　一方，二次性強化子には，褒め言葉，お楽しみ会など好きな活動ができること，バックアップ強化子と交換できる「トークンエコノミー法」（72 ページを参照してください）のような象徴的代理物などがあります。一次性強化子と違って，二次性強化子は人にとって生物学的に不可欠というわけではありません。その価値は後天的に学習されます。そのために，二次性強化子は「習得性強化子」とも呼ばれます。

　したがって，対提示は，人にとっての生得性強化子と何の意味ももたない刺激や出来事などを人に時間的に近づけて繰り返し提示することで，最初は人にとって何の意味ももたなかった刺激や出来事も強化子（習得性強化子）になるという手続きのことをいいます。

　例えば，旅館などの日本庭園にある池のほとりで，手をパンパンと叩くと，鯉の群れが一斉に音のした方向に集まってくることがあります。このパンパンという音（習得性強化子）は，鯉にとっては最初は何の意味ももたなかったはずです。ところが，この音の後に必ず餌（生得性強化子）がもらえることを繰り返していくことにより，つまり音が餌と対提示されていったことによって，音は鯉にとって強化子（習得性強化子）となっていき，音が聞こえると鯉が集まってくるようになっていったと考えられます。

　もう１つ例を示しましょう。人が生きていくうえで必要な食べ物や飲み物（生得性強化子）を買うときに使うものはお金（習得性強化子）です。赤ちゃんは人からお金をもらっても，自分の欲しいものをお金を使って買った経験がないので，嬉しいとは思わないでしょう。しかし，成長していく過程で，お金で自分の欲しいものが買えるということを繰り返し学習していく中で，人からお年玉や小遣いなどのお金をもらうときっと嬉しいと思う

ようになるでしょう。赤ちゃんにとって何の意味ももっていなかったお金が自分の欲しいもの（生得性強化子）と対提示されることにより，お金が強化子（習得性強化子）となっていきます。

## ✎ 対応例

　褒め言葉（二次性強化子）が何の効果もない子どもにとっては，適切な行動の獲得に食べ物や飲み物（一次性強化子）などを用いることが考えられます。例えば，子どもが適切な行動を示したときに，教師等は子どもが好む食べ物（飲み物）を少量与え，同時に「よくできたね」と賞賛します。対提示によって，二次性強化子だけでも子どもが動機づけられるように学習させます。いったんこの結びつきが確立すると，二次性強化子は一次性強化子と同程度の効果をもつようになると考えられます。その後は，一次性強化子を徐々に取り除いていきます。

　しかしながら，保育所・幼稚園・学校などにおいては，他の子どもがいる手前，一次性強化子を大っぴらに用いることは現実的ではありません。そこで，一次性強化子に替えて二次性強化子であるトークンエコノミー法を使用してはどうでしょうか。そして，適切な行動が獲得されるまでは連続強化（125 ページを参照してください）スケジュールを用い，その後は間欠強化スケジュールに移行し，やがてはトークンを除去していくという方法が考えられます。

## 38　ゲームばかりしていて宿題にとりかからない

保護者の方から，子どもは学校から帰ってくるとゲームばかりやっていて，宿題に取りかかる時刻がいつも寝る間際になってしまう，という話を聞くことがあります。

### ☞ 支援Point　㉝ プレマックの原理

　ここでは「プレマックの原理」を用います。ある子どもが低頻度でしか行わない行動は，当然その生起率は小さくなります。逆に，高頻度で行う行動は生起率が大きくなります。そして，低頻度の行動の直後に高頻度の行動が続くと，低頻度の行動の生起率を高めることができます。つまり，子どもがたびたび自発的に行う行動は，滅多に自発的に行わない行動に対して強化子としての役割を果たすことができるということです。これをプレマックの原理といいます。算数の授業でテストを提出したら読書ができる，給食の時に苦手な野菜を食べられたら好きな食べ物をお代わりできる，というのはその例です。

　しかし，このように活動を強化子として使用する際には３つの問題点があります。

　まず第１に，現実的な問題として，低頻度行動の直後に高頻度行動（強化子）を後続させることが常にできるというわけではなく，この場合は高頻度行動の強化子としての強化価（力）は低下します。上記の例でいうと，給食の時に苦手な野菜を食べられたとしても，毎回好きな食べ物が余る（お代わりができる）とは限りません。

　次に，高頻度行動としての活動は，得られるか，得られないかのどちらかになってしまうため，強化子の提示に融通性が欠けます。上記の例では，お代わりができるか，できないかのどちらかになってしまいます。このような場合，与えられる強化子の時間や量を調整することによって解決される場合があります。上記の例では，算数のテストで１問正答すると１分間読書ができると決めておき，正答数によって読書の時間を決めることや食べられた野菜の量や種類によって与えられるお代わりの量を決めることなどが考えられます。

　３点目として，強化子として使われる高頻度行動の多くは，目標となる行動を遂行したか否かにかかわらず，子どもは日常的に自由に行うことができます（与えられます）。上記の例では，休み時間になれば，子どもは自由に読書ができます。また，野菜が苦手であるからといって，給食の時に好きな食べ物が与えられないわけではありません。

　これらの問題点を解決するために，高頻度行動を後続させる際に，同時に称賛を提示するようにします。これを「対提示」といいます（118ページを参照してください）。いったん

高頻度行動と称賛との結びつき（これを「連合」といいます）が確立されると，称賛が強化機能をもつようになり，やがて高頻度行動は必要なくなっていきます。

## ✎ 対応例

　保護者と子どもとで話し合って，1日あたりのゲーム実施可能時間（例えば，30分あるいは1時間）を決めます。学校から帰宅後，子どもがゲームをやる前に宿題に取り組んだ場合に，子どもが宿題をやり終えるのに要した時間をゲーム実施可能時間に加算するようにすること（例えば，宿題に取り組んだ時間1分間に対してゲームを1分間できる）などが考えられます。

## 39  学校（家庭）でできることが，家庭（学校）ではできない

---

学校では○○ができるようになったという報告があったが，家庭では依然としてできない，と話す保護者に出会うことがあります。

---

中 支援Point▶ ㉞ 般化

　学校（家庭）でできることが，指導しなくても家庭（学校）でもできることを「般化」といいます。すなわち，般化とは，獲得された行動が持続性をもち，指導場面以外のさまざまな環境下でもそれが出現し，それに関連した幅広い行動へと広がっていくことといえます。しかしながら，多くの場合，行動が獲得されたからといって，自動的に般化が生じるわけではありません。とりわけ知的障害やASDのある子どもは，獲得された行動の般化が困難であるといわれています。したがって，般化が生じるためには，あらかじめ般化を促進させるための技法を指導プログラムに組み込んでおく必要があります。ここでは，般化を促進するための5つの技法について紹介します。

### (1) 複数の場面や複数の人による指導

　場面や人に対する般化を促進するために，場面や人を替えて指導します。例えば，箸を使って食事をすることを標的行動にしたとします。この場合，学校の給食の時間に担任が箸を使って食事をすることを指導すると同時に，家庭でも朝夕の食事の時に保護者が同様の方法で指導を行います。こうすることによって，家族で外食をしたときに般化が生じることが期待されます。

### (2) 共通刺激の導入

　ある子どもが異なる場面に移されたときに，移される前とどの程度類似した行動をとるかは，それぞれの場面間に見られる刺激の類似度によるため，刺激の類似性は般化の重要な要因である，といわれています。したがって，日常場面での般化を促進するためには，指導場面と日常場面を似通わせたり，指導場面の要素を日常場面に取り入れたりすればよいことになります。例えば，買い物のスキルを指導する際に，その子どもが普段家族と利用する店が小売店ではなくスーパーマーケットであった場合，学校ではスーパーマーケットでの買い物の仕方を指導すればよいことになります。同じ物を買う場合でも，小売店とスーパーマーケットでは買い物の手順が大きく異なります。

### (3) 代表例教授法

近所のファストフード店での買い物（食事）のスキルを指導した結果，その店で買い物ができるようになったとします。だからといって，他のファストフード店でも買い物ができるとは限りません。一口にファストフード店といっても，店に入ってから買い物をすませて店を出るまでの手順が，店によって微妙に異なるからです。そうであれば，多種多様なファストフード店での買い物のスキルを指導すればよいわけですが，それではとても手間暇がかかります。そんな時に，この代表例教授法を用います。

まず，ハンバーガー・フライドチキン・ドーナツなどのファストフード店での買い物行動を「課題分析」（10 ページを参照してください）します。次に，それぞれの店に共通したステップ（カウンターで注文し，食べ物と引き換えに代金を支払うなど）とそれぞれの店に独自のステップ（カウンターの並び方，飲み物が必要かどうか尋ねられるなど）とを整理し，それらを指導します。こうすることによって，ほとんどすべてのファストフード店で買い物ができるようになります。この技法を用いることによって，すべてのファストフード店で指導を行う必要がなくなり，効率的に般化を促進することが可能になります。

### (4) 系列指導と並行指導

子どもに A という課題（以下，「A」とします）と B という課題（以下，「B」とします）を指導する場面を想像してみてください。この場合，A が獲得された後に B を指導する方法を「系列指導法」とします。一方，指導場面で A と B のいずれかが獲得されるまで交互に指導する方法を「並行指導法」とします。これら 2 つの方法を用いた指導の結果を比較したところ，課題の習得と維持に要する指導回数に差異はありませんでした。しかし，新しい教材に対しては系列指導法よりも並行指導法のほうがより多くの般化がみられたということです。どちらかの課題の獲得がもう一方の課題を獲得するための必要条件である場合を除けば，指導場面において指導内容を変化させることは学習を妨げるどころか般化を促すことにつながるのです。A が習得されていないから，B を指導するのは早すぎるということはないのです。

### (5) 集中指導と非集中指導

着衣の指導をする際に，3 日間で 10 回の指導を行う場合（集中指導；多くの指導者が指導の初期に用いる方法です）と 1 日に 2 回ずつ 15 日間の指導を行う場合（非集中指導；日常生活の中で自然なかたちで指導が可能です）とではどちらのほうが効果的であるかを比較したところ，集中指導よりも非集中指導のほうが行動の獲得と般化に優れていたそうです。このことから，非集中的で自然なかたちの指導は，効率的で，しかも般化を促進することが示唆されます。私たちの経験からも，テスト勉強をするときには，直前になって慌てて長時間勉強するよりも，普段からこつこつと勉強を継続したほうが，よりよい結果を期待できると同時に習得した知識やスキルも定着しやすいですね。

## ⌇ 対応例

　対象児を G さんとします。この例では，(2)共通刺激の導入を応用しました。G さんには，知的障害があり，話し言葉はありませんでした。G さんには，自分の要求が相手に伝わらないと，自分の手首をかむという自傷行動がみられました。

　そこで，主として給食の時間に，欲しい食べ物があるときには指差しをし，両方の手のひらを重ねる（「ちょうだい」のサイン）という行動を指導しました。程なくこの要求行動が獲得されたので，保護者にその旨を伝えたところ，家庭では依然として欲しい食べ物があると勝手に手づかみで食べるということでした。そこで，個別指導の時間に G さんが家庭でもっとも好むグミを要求する場面を設定しました。また，保護者にも指導場面を参観してもらい，教師に代わって同じ方法で指導を行ってもらいました。その結果，G さんの要求行動が家庭でも般化するようになりました。

## 40　獲得した行動が，時間がたつとできなくなる

挨拶など獲得した行動が，時間がたつとできなくなる子どもがいます。

✝ **支援Point**　⑤ 維持（連続強化 → 間欠強化）

　系統的な指導手続きが終了した後，時間が経過しても標的行動が遂行されることを「維持」といいます。維持を促進するためには，以下に説明するように，「連続強化」から「間欠強化」への移行が求められます。

　標的行動が生起したらそのつど強化子を提示することを連続強化といいます。この場合，行動対強化の比率は1対1になります。行動に対して相対的に多くの強化が与えられると行動の生起率が高まります。したがって，新しい行動を形成するときや標的行動の当初の生起率が極めて低い場合には，連続強化が有効です。

　しかし，いったん獲得した行動を維持させることを目的とした場合，次の理由から連続強化が必ずしももっとも有効な方法であるとはいえません。連続強化によっていったん行動が獲得され，生起率が増大した場合，学校等ではその指導プログラムを終わりにしてしまうことがあります。その結果，連続強化から強化のない状態に突然移行する（消去する。80ページを参照してください）ことになり，獲得した行動が生起しなくなってしまう場合があります。

　一方，すべての標的行動ではなく，そのうちの一部に対して強化を行うことを間欠強化といいます。間欠強化で維持されている行動は消去に対して抵抗力があります。つまり，間欠強化では，強化を得るまでに多くの標的行動の生起が必要となるため，標的行動を長期間にわたって維持できるようになります。

　間欠強化の中に，変動比率スケジュールという方法があります。この方法では，強化のための標的行動の生起回数を固定せず，しかし平均すれば一定の回数になるようにします。例えば，変動比率5スケジュールでは，4回め，5回め，6回めの標的行動の生起後に強化がなされますが，平均すると5回ごとに強化を行っていることになります。もし，標的行動が5回生起するごとに強化を行うと，子どもがそのことを察し，強化を行った直後に標的行動の生起がみられなくなる可能性が出てくるため，平均すると5回になるようにします。この場合，行動対強化の比率は5対1になります。

　したがって，連続強化によって標的行動の生起率が達成基準に達した後，間欠強化に移

行することによって，標的行動の生起率が一定の水準で維持されると考えられます。

　ここで，「ありがとう」の自発的表出を標的行動とした場合を考えてみましょう。具体的な指導方法については，32ページを参照してください。まず，標的行動の生起率が達成基準に達するまでは，連続強化を行います。次に，標的行動が達成基準に達した後は間欠強化に移行し，変動比率2スケジュール，変動比率3スケジュール，変動比率5スケジュールと強化される比率をスモールステップで低下させていきます。もし，強化される比率を低下させることによって標的行動の生起率に低下がみられた場合は，前段階の比率に戻して，生起率が十分に高まった状態から比率の低下をやり直します。

## ✂ 対応例

　獲得された「いってきます」「ただいま」などの挨拶の自発的表出が，指導終了後，時間の経過とともに生起率が低下していった場合は，上記の例を参考にすればよいでしょう。まずは，再度連続強化で指導を行い，標的行動の生起率に再び増大がみられた後に間欠強化に移行し，スモールステップで強化される比率を低下させていきます。

〔文献〕

アイリーサ・ギャニオン（著）／門　眞一郎（訳）（2011）パワーカード　アスペルガー症候群や自閉症の子どもの意欲を高める視覚的支援法．明石書店．

アルバート，P. A. & トルートマン，A. C.（著）／佐久間徹・谷　晋二・大野裕史（訳）（2004）はじめての応用行動分析　日本語版第2版．二瓶社．〔Albert, P. A. & Troutman, A. C.（1999）*Applied behavior analysis for teachers*（5th ed.）. Prentice Hall, Upper Saddle River, New Jersey.〕

American Psychiatric Association（著）／日本精神神経学会（日本語版用語監修），高橋三郎・大野裕（監訳）（2014）DSM-5 精神疾患の分類と診断の手引．医学書院．

キャロル・グレイ（編著）／安達　潤（監訳）（2005）マイソーシャルストーリーブック．スペクトラム出版社．

キャロル・グレイ（編著）／服巻智子（監訳），大阪自閉症研究会（編訳）（2005），ソーシャル・ストーリー・ブック　書き方と文例．クリエイツかもがわ．

キャロル・グレイ（著）／門　眞一郎（訳）（2005）コミック会話　自閉症など発達障害のある子どものためのコミュニケーション支援法．明石書店．

Durand, V. M.（1990）*Functional communication training : An intervention program for severe behavior problems*. Guilford Press, New York.

エレイン・N・アーロン（著）／ 明橋大二（訳）（2015）ひといちばい敏感な子．1万年堂出版．

藤枝静暁（2005）ソーシャルスキルの低い子どものスキルを伸ばす「上手な頼み方・あたたかい断り方を身につけよう」．佐藤正二・相川　充（編），実践！ソーシャルスキル教育　小学校編—対人関係能力を育てる授業の最前線—．図書文化社，pp. 78-87．

藤原義博（1997）応用行動分析学の基礎知識．小林重雄監修，山本淳一・加藤哲文編著，応用行動分析学入門．学苑社，pp. 26, 29-39．

門原眞佐子（2005）怒りの感情をコントロールする「カンカンくん（怒りの感情）と仲よしになろう」．佐藤正二・相川　充（編），実践！ソーシャルスキル教育　小学校編—対人関係能力を育てる授業の最前線—．図書文化社，pp. 138-147．

河村茂雄（2002）教師のためのソーシャル・スキル：子どもとの人間関係を深める技術，誠信書房．

小出　進（編集）（2000）発達障害指導事典　第二版．学研プラス．

小島　恵・関戸英紀（2021）ASD 児に対する身体的ガイドと視覚的手がかりを用いた箸の持ち方に関する指導．日本行動教育・実践研究，41, 1-13．

小島拓也・関戸英紀（2013）選択性緘黙の児童に対するコミュニケーションカードを用いたあいさつ等の指導．特殊教育学研究，51（4），359-368．

長崎　勤（1998）コミュニケーション・ことばの獲得における文脈の役割．コミュニケーション・ことばの発達支援と文脈．長崎　勤・佐竹真次・宮﨑　眞・関戸英紀（編著），スクリプトによるコミュニケーション指導．川島書店，pp. 3-34．

NHK（2020）【特集】発達障害って何だろう　困りごとのトリセツ．NHK，2020 年 11 月 16 日，https://www1.nhk.or.jp/asaichi/hattatsu/（2022 年 6 月 23 日閲覧）．

野村東助（1993）自閉症児におけるジャンケン技能の発達過程（Ⅴ）ジャンケンエコラリヤの出現状況．東京学芸大学特殊教育研究施設報告，42，119-127．

大友　昇（1997）ほめて子育てトイレット・トレーニング．川島書店．

佐々木正美（1993）講座　自閉症療育ハンドブック．学習研究社．

佐藤正二・相川　充（編）（2005）実践！ソーシャルスキル教育　小学校編―対人関係能力を育てる授業の最前線―，図書文化社．

関戸英紀（1999）自閉症児におけるジャンケン技能の習得―VA3 歳の自閉症児の指導を通して―．特殊教育学研究，37（2），71-80．

関戸英紀（2016）自閉症児に対する日常の文脈を用いた言語指導―ことばの支援とその般化促進―．川島書店．

関戸英紀（編著）（2017）問題行動！クラスワイドな支援から個別支援へ―インクルーシブ教育システムの構築に向けて―．川島書店．

Todd, A. W., Campbell, A. L., Meyer, G. G., & Horner, R. H.（2008）The Effects of a Targeted Intervention to Reduce Problem Behaviors : Elementary School Implementation of Check In‐Check Out. *Journal of Positive Behavior Interventions*, 10, 46-55.

Uta Frith（2003）*Autism : Explaining the enigma*. Blackwell Publishing, Oxford. 冨田真紀・清水康夫・鈴木玲子訳（2009）新訂　自閉症の謎を解き明かす．東京書籍．

山下佳子・中野良顕（1987）言行一致訓練の適用による発達障害児のセルフコントロールの促進．日本行動分析学会年次大会プログラム・発表論文集，5，13-14．

# 索　　引

(イタリック体のページに「用語解説」があります)

# 著 者 紹 介

関戸英紀（せきど　ひでのり）

1980年　早稲田大学第一文学部文芸専攻卒業。

1982年　横浜国立大学大学院教育学研究科障害児教育専攻(修士課程)修了。
　　　　横浜市立の中学校・養護学校，横浜国立大学教育学部附属養護学校を経て，

1996年　横浜国立大学教育学部講師。

2008年　助教授・准教授を経て，教授。

現　在　東海大学児童教育学部教授。横浜国立大学名誉教授。博士(教育学)。

主　著　『自閉症児に対する日常の文脈を用いた言語指導』

　　　　『問題行動！クラスワイドな支援から個別支援へ』（編著）

　　　　『社会的ライフスキルを育む』（共編著）

　　　　『スクリプトによる社会的スキル発達支援』（共編著）

　　　　『こうすればできる：問題行動対応マニュアル』（共著）

　　　　『はじめての特別なニーズ教育』（共著）

　　　　『スクリプトによるコミュニケーション指導』（共編著）以上，川島書店

　　　　『資質・能力を育む　算数・数学』（編著）

　　　　『日常生活に生きる算数・数学』（編著）以上，明治図書

　　　　『新・特殊教育学概論』（共著）

　　　　『教育心理学入門』（共著）以上，八千代出版

　　　　『特別支援教育の到達点と可能性』（共著）金剛出版

　　　　『発達障害のある子/ない子の学校適応・不登校対応』（共著）金子書房

　　　　『日常診療で出会う発達障害のみかた』（共著）中外医学社

　　　　『臨床発達心理学概論』（共著）ミネルヴァ書房

　　　　『発達と支援』（共著）新曜社

　　　　　など

こんな子どもに出会ったら
― 保育所・幼稚園・学校・家庭での支援の実際 ―

2022 年 12 月 25 日　第 1 刷発行

著　者　関　戸　英　紀
発行者　中　村　裕　二
発行所　㈲ 川　島　書　店

〒 165-0026
東京都中野区新井2-16-7
電話 03-3388-5065

(営業・流通センター) 電話＆FAX 03-5965-2770

© 2022
Printed in Japan　　DTP 風草工房／印刷・製本 株式会社シナノパブリッシングプレス

ISBN978-4-7610-0947-2　C3011

## 自閉児 発達障害児 教育診断検査 (三訂版)〔略称 PEP-3〕

E.ショプラー／茨木俊夫

**検査用具**（触覚積木・犬と猫の手人形・6片の牛の絵のパズル・9個の文字カードほか） ★美装箱入り 定価 275,000 円
**検査マニュアル**（手引き・検査実施ガイド） ★ B5・204 頁 定価 6,600 円
**まとめの記録用紙・養育者レポートなど**（5人分1セット）★定価 4,400 円
ISBN 978-4-7610-0847-5

## 知行とともに　ダウン症児の父親の記

徳田茂 著

知行（ともゆき）は「ダウン症児一般」ではない。知行は，知行なのだ。本書は，二十年の歳月をわが子とともに歩んできた著者が，さまざまな体験をとおして，自分をみつめ，「障害」児とともに生きることのおもしろさと大切さをつづった感動の記録である。　★四六・268 頁 定価 2,350 円
ISBN 978-4-7610-0542-9

## 困った子どもとのかかわり方

河合伊六 著

「こどばが遅れている」「キレる」「弱い子どもをいじめる」「登校を渋る」「言うことを聞かない」など，子どもの困った行動を，《適切な行動に育成する》ための"思いきった発想転換"を推奨する，行動分析による新しい保育・教育実践のわかりやすい指導書。　★四六・190 頁 定価 2,200 円
ISBN 978-4-7610-0723-2

## LD・ADHD〈ひとりでできる力〉を育てる 改訂増補版

長澤正樹 編著

特別な教育的ニーズのある子どもが〈自分でできる〉という自己肯定感を高め，自分自身でものごとを解決する力を育てる有効な指導・支援の方法をわかりやすく解説。個別教育計画の作成方法から評価までを紹介。自己決定・自己解決を中心に改訂し新情報を増補。★ A5・268 頁 定価 2,640 円
ISBN 978-4-7610-0838-3

## イラスト・まんが教材で「気持ち」を理解

納富恵子・今泉佳代子・黒木康代 編著

自閉症スペクトラム児の発達を支援するために作成された〈イラスト・まんが教材〉の解説書。「感情の気づき」を促す教材の活用により，子ども自身・支援者が共に「何に困っているのか」に気づくことができるようになる。自己理解を促す支援に有効なツールの紹介。　★ A5・170 頁 定価 2,200 円
ISBN 978-4-7610-0843-7

## 川 島 書 店

https://kawashima-pb.kazekusa.jp/ （定価は2022年12月現在）

# 心に沁みる心理学

吉田章宏 編著

現代の科学的心理学は「他者の心理学」である。そこでは，第一人称「わたし」の心理学はタブーであった。が，最近ようやく，そのタブーが打破され，「第一人称科学」の必要が唱えられ始めている。提唱者の一人，E. ジェンドリン博士の特別寄稿掲載。　★A5・254頁 定価3,080円

ISBN 978-4-7610-0865-9

# 食べる・育てる心理学

伊東暁子・竹内美香・鈴木晶夫 著

子どもの発達環境にある「食」の場面を，心理学の専門・非専門家がどのように考え，説明しているかを俯瞰し，これからの全人的な「食べる」「育てる」場面に，どのように関わることが可能か考える資料を提供しようと意図して編まれた書。　★A5・242頁 定価2,860円

ISBN 978-4-7610-0864-2

# 社会化の心理学／ハンドブック

菊池章夫・二宮克美・堀毛一也・斎藤耕二 編著

新たに編集した3回目のハンドブック。I 社会化の問題，II ライフ・ステージとの関連，III 社会化のエイジェント，IV 認知と判断の社会化，V 感情の社会化，VI 文化をめぐる問題より成る。現代の人間形成の様々な問題の解決へのヒントを見出すことが目指される。　★A5・456頁 定価4,620円

ISBN 978-4-7610-0872-7

# 自閉症スペクトラムの移行アセスメントプロフィール

ゲーリー・メジボフ, 他 梅永雄二 監修／今本繁・服巻智子 監訳

自閉児（クライアント）にとって特別支援学校から就労への具体的な支援方法を見出すことができ，また「施設から就労へ」向けた支援の実践的資料を提供して，多くの場面で自立を図る上での有用なアセスメントとして利用できるよう配慮したマニュアルである。　★B5・270頁 定価8,360円

ISBN 978-4-7610-0868-0

# マイクロカウンセリングの展開

福原眞知子 監修・編集／日本マイクロカウンセリング学会 編

マイクロカウンセリング学習のプリンシプルである，"学ぶ―使う―教える"というスタイルを紹介するとともに，マイクロカウンセリングの基礎と実践の展開を提供する。学会が行なってきた公開研究会／研修会での成果を編集した貴重な資料・記録集。　★B5・448頁 定価4,180円

ISBN 978-4-7610-0883-3

# 川 島 書 店

https://kawashima-pb.kazekusa.jp/　（定価は2022年12月現在）

# 自閉症児に対する日常の文脈を用いた言語指導

関戸英紀 著

自閉症児者に対する言語・コミュニケーション指導とその般化について，日常の文脈を用いた指導法である「機会利用型指導法」，「共同行為ルーティンを用いた指導法」に基づく6つの実践研究を紹介し，その支援の有効性を検討，般化の重要性を指摘する。　★A5・152頁 定価3,080円
ISBN 978-4-7610-0911-3

# よくわかる臨床心理学・第二版

山口創 著

「幼児虐待」「いじめ」「DV」「ストーカー」「アダルトチルドレン」など今日話題なっている心の問題に起因する多くの事例・トピックスをとりあげ，その研究成果を提供する。科学的な臨床心理学の必要性を提起する新しい臨床心理学のテキスト・入門書。　★A5・212頁 定価2,420円
ISBN 978-4-7610-0914-4

# 新版 身体心理学

春木豊・山口創 編著

心の形成やメカニズムの理解，心の育成の方法を考えるための新しい研究領域を提起する本書は，心理学のみならず，生理学，教育学，哲学，体育学など多岐にまたがる分野において，身体に視座を据えた，人間理解への新たな方法を提供する研究書。　★A5・306頁 定価3,850円
ISBN 978-4-7610-0912-0

# 脱マニュアルのすすめ

伊藤進 著

マニュアルの弊害を極力抑え，誰もが創造力を発揮できるようにするにはどうしたらよいか？　本書では今日のマニュアル時代の文脈に位置づけて創造力の重要性をとらえ直し，それを発揮するにはどうしたらいいか，その逆説的方法を説く。　★四六・228頁 定価1,980円
ISBN 978-4-7610-0908-3

# はじめての ナラティブ/社会構成主義キャリア・カウンセリング

渡部昌平 著

本カウンセリングは，これまでの過去・現在に対する意味づけから未来を想像するというスタイルを脱構築し，クライエントのナラティブを引き出して，望ましい未来から現在・過去を再構築する，未来志向の新しいカウンセリング論。　★A5・116頁 定価1,760円
ISBN 978-4-7610-0910-6

# 川 島 書 店

https://kawashima-pb.kazekusa.jp/ （定価は2022年12月現在）